Eberhard Straub

Zur Tyrannei der WERTE

Klett-Cotta

Klett-Cotta
www.klett-cotta.de

Printed in Germany
Schutzumschlag: Atelier Versen
unter Verwendung eines Fotos von Istockphoto (billnoll)
Gesetzt aus der Walbaum in den Tropen Studios, Leipzig
Auf säure- und holzfreiem Werkdruckpapier gedruckt und gebunden
von Bercker Graphischer Betrieb GmbH & Co. KG, Kevelaer
ISBN 978-3-608-94615-4

Bibliografische Information der Deutschen Nationalbibliothek
Die Deutsche Nationalbibliothek verzeichnet diese Publikation
in der Deutschen Nationalbibliografie; detaillierte bibliografische
Daten sind im Internet über <http://dnb.d-nb.de> abrufbar.

Für Sigrid und Gerd Giesler
in alter Freundschaft

INHALT

Einleitung 9

KAPITEL I
Die Geburt der Werte aus dem Geist des Kapitalismus 18

KAPITEL II
Im Werteomnibus durch die Rechts- und Gesellschaftsordnung 46

KAPITEL III
»So treiben wir unsicher auf den Wogen der Zeit daher« 76

KAPITEL IV
Die neue Verzauberung des Staates als Werteordnung 111

KAPITEL V
Der unaufhaltsame Aufstieg vom freien Bürger zum bewertenden Kunden 145

EINLEITUNG

»Die beiden entscheidenden Mächte, welche das sittliche Leben bestimmen und bedingen, der göttliche Geist und der individuelle Menschengeist, sind außerhalb des Staatsbereiches. Das Reich der Sittlichkeit ist viel umfassender als das Reich des Staates. Wenn der Staat dasselbe beherrschen will, so überschreitet er die Schranken, die ihm gesetzt sind, und wirkt schädlich für die Sittlichkeit.« Diese Vorstellung Johann Caspar Bluntschlis teilten die liberalen Bürger im 19. Jahrhundert. Der neutrale Staat hat festzusetzen, was rechtens ist, um eine Rechtsordnung zu ermöglichen, in der jeder, ohne den anderen zu schaden, seine Freiheit nach eigenem Ermessen verwirklichen kann. Der Staat entbehrte damit keineswegs der sittlichen Legitimation, weil er die Freiheit der Bürger schützte, eine Freiheit, die den Staat braucht, um sicher zu sein vor Übergriffen aus der immer beweglichen und unter sich uneinigen Gesellschaft. Außerdem hing er über seine Bürger mit den Mächten zusammen, die das sittliche Leben bestimmen, mit der christlichen Religion und den verschiedenen philosophischen Schulen. Dennoch machte sich gegen Ende des 19. Jahrhunderts ein wachsendes Unbehagen am Pluralismus bemerkbar und an der Historisierung aller Ideale, Tugenden, Überzeugungen als vorübergehende, zeitverhaftete Erscheinungen, die im dauernden Werden aufsteigen und absinken. Diese Relativierung aller sinngebenden Mächte überforderte ganz offensichtlich den Bildungsbürger, der sich vor Sinnverlust, Nihilismus und dem Kampf der Kulturen fürchtete.

Keine Gesellschaft kann ohne einige gleiche Glaubenslehren gedeihen, wie Alexis de Tocqueville 1840 zu bedenken gegeben hatte, denn ohne gemeinsame Vorstellungen gibt es kein gemeinsames Tun, und ohne gemeinsames Tun gibt es zwar Menschen, aber keinen Gesellschaftskörper. Während der fortschreitenden Demokratisierung, die ein gemeinsames Wollen forderte, konnten die konkurrierenden, oft einander entgegengesetzten Ideen und sozialen Bestrebungen gerade nicht eine wünschenswerte Übereinstimmung der Gemüter wenigstens in den wichtigsten Fragen bewirken. Der Grund für die Zerrissenheit innerhalb der Gesellschaft wurde neben der historistischen Relativierung sämtlicher Gedanken und Glaubenssätze im zunehmenden Materialismus vermutet. Beide trennen den Menschen und Bürger vom Ewigen, von über den Zeiten schwebenden Ideen und verweisen ihn auf den gegenwärtigen Augenblick, um ihn zu nutzen im Erfolgsstreben, bei der Jagd nach raschem Gewinn und schnellen Genüssen. Die dadurch erzeugte allgemeine Unrast nötige jeden, zum Ausdruck seines engen Berufes zu werden, statt sich zum freien Menschen auszubilden. Die Arbeit und der Beruf vereinzelten, trennten die Individuen voneinander, die alle als Lohn- und Gehaltsempfänger in verschiedenen Graden unfrei waren, weil in Abhängigkeit gehalten.

Die große Idee der Freiheit, für die Max Stirner 1845 die suggestive Formel fand »Der Einzige und sein Eigentum«, erwies sich als große Illusion, weshalb aber die Hoffnung, zur Freiheit zu finden oder zu einem bekömmlichen Ausgleich von Vergesellschaftung und Individualisierung, nicht schwächer wurde. Sozialisten, Bildungsbürger, humanistische Idealisten oder Christen erkannten im ruhelosen Geld den alles umstürzenden Beweger. Was der Mensch aus seinen eigenen Wesenskräften nicht vermag, das kann er durch das Geld. Er kann alles kaufen, es ist der einzige Wert und das wahre Vermögen. Der Bourgeois kam mit Hilfe des Geldes zu seiner Macht und wird nun von ihm über den Globus gejagt. Es gibt kein anderes Band mehr zwischen den Menschen als das Interesse und die gefühllose, bare Zahlung, wie Karl Marx 1848 schrieb. Alles Übrige ist in dem eiskalten Wasser der Berechnung ertränkt worden. Die Bourgeoisie »hat die persönliche Würde in den Tauschwert aufgelöst und an die Stelle der zahllosen, verbrieften und wohl erworbenen Freiheiten die eine gewissenlose Handelsfreiheit gesetzt«. Der Fluch, der am Geld haftet, äußert sich, wie Karl Marx es nannte, in dessen alles »verkehrender Macht«. »Da das Geld, als der existierende und sich betätigende Begriff des Wertes, alle Dinge verwechselt, vertauscht, so ist es die allgemeine Verwechslung und Vertauschung aller Dinge, also die verkehrte Welt, die Verwechslung und Vertauschung aller natürlichen und menschlichen Qualitäten.« Was der Mensch nicht vermag, das kann der Bürger durch das Geld.

Alle Leidenschaften und alle Tätigkeiten verschmelzen mit der Habsucht. Das Haben verzehrt das Sein des Menschen. Was Karl Marx sagte, drang über Thomas Carlyle, John Ruskin, Claude Henri de Saint-Simon, Pierre-Joseph Proudhon, Giuseppe Mazzini oder Richard Wagner zu den beunruhigten Bürgern, die sich am Sein beglückt erhalten wollten und stattdessen wie die Butter auf der heißen Kartoffel schwammen. Sie suchten Halt, um sich und ihre bürgerliche Welt in der flüchtigen, alles aufhebenden Zeit dennoch in Sicherheit zu bringen. Sie suchten einen Halt außerhalb der von ihnen erst ausgelösten Relativierung sämtlicher Kulturphänomene. Schaffe den Dingen Dauer, das hielten sie mitten in der Erscheinungen Flucht für ihren besonderen Auftrag. Als Bürger gehörten sie zu der Klasse, die dem Kapitalismus in immer kürzer aufeinanderfolgenden Innovationsschüben zu seinem umfassenden Erfolg verhalfen und damit das Geld zum Maß aller Dinge erhoben, das den Menschen als Maßstab ersetzte. Als Humanisten entsetzten sich die Bildungsbürger allerdings vor der Ökonomisierung aller Lebensbezüge. Nachdem einzelne ihrer bürgerlichen Philosophen oder Historiker Gott aus der Welt vertrieben hatten, beobachteten sie ängstlich, wie bürgerliche Naturwissenschaftler die Natur entseelten, verdinglichten und für den Verbrauch durch industrielle Verwertung präparierten. Die Natur, das Naturrecht, die Menschenrechte, die in ihr wurzelten, verloren ihre überzeitliche Würde und entwurzelten den Menschen, der nun auch in der Natur keine Heimat, keine Wohnung mehr fand. Mit dem Tod Gottes, den Nietzsche ausrief, hing unmittelbar der Tod der Natur zusammen, die ein Ersatzgott sein sollte und zum natürlichen Leben, zum Einklang mit ihren immer gültigen Gesetzen und Regeln überreden sollte.

Der Mensch konnte von nun an ganz prometheisch zum Selbstschöpfer werden, der ununterbrochen für Neuwertigkeiten sorgt und den Markt belebt, der jetzt die lebendige Natur ersetzte, die zur Materie schrumpfte, zur Ressource wurde und der Ausbeutung zur Verfügung stand, wie längst schon der Mensch. Die Vertreibung des Menschen aus dem Mittelpunkt der Schöpfung, die Verwandlung des Ebenbildes Gottes in ein höher entwickeltes Tier unter Tieren, der Tod eines besonderen Menschenbildes war die letzte Folge von Gottes und der Natur Tod. Die Zukunft schien in posthumane Zeiten zu leiten. Die Humanisten waren um 1900 verzweifelt. Sie suchten jenseits der Geschichte und des Ökonomismus, den zeitverschlingenden Mächten, ewige, dauerhafte Werte, die nicht schwankten wie die Börsenkurse, sondern das Gute, Wahre, Schöne davor bewahrten, völlig beliebig und unbestimmt zu werden. Als Zeitgenossen des zur Reife gekommenen Kapitalismus konnten sie sich nur in Werte flüchten, um damit, wie Karl Marx spottete, die ganz praktischen Verwertungsmechanismen und Mehrwertanhäufungen mit einer Ideologie der Werte hinter einer feierlich verzierten Fassade zu verbergen. Das Wertedenken gehört unmittelbar zur Marktwirtschaft. Erst seit dem vollendeten Kapitalismus, seit dem späten 18. Jahrhundert wird vom Tauschwert, Handelswert, Gebrauchswert, Sachwert, Mehrwert oder Verwertung wissenschaftlicher Erkenntnisse für die industrielle Produktion und deren Bewertung durch den kritischen Verbraucher geredet.

Auf dem Markt, auf dem alles zur Ware und damit zum Wert wird und jede menschliche Beziehung zu einer Geldbeziehung, haben die Werte ihren sinnvollen Platz. Außerhalb des Marktes leisten sie gerade das nicht, was Wertsetzer vorgeben, durchaus zu ermöglichen, nämlich Sinnstiftung, weil sie ihren ökonomischen Ursprung nie vergessen machen können. Das Wertedenken war von vornherein ein hilfloser Versuch ratloser Bürger, den alles umfassenden Ökonomismus abzuschwächen und die Werte in Zeiten, als die Nationalökonomie zur Leitwissenschaft und Leitkultur wurde, zu moralisieren oder zu objektivieren. Auf dem freien Markt entscheidet der Einzelne – ob als Produzent oder Konsument – mit seinem Wünschen und Begehren über Wert und Unwert. Wertentscheidungen sind subjektiv, trotz aller Versuche, den Verbraucher über verborgene Agenten in der Werbung zu beeinflussen, die ganz bewusst auf seine irrationalen Begierden zielen. Nicht anders verhält es sich mit den geistigen, sittlichen oder kulturellen Werten. Sie gewinnen erst eine Bedeutung oder eine Macht, wenn sie geltend gemacht werden von Wertsetzern, die sie durchsetzen wollen. Hinter jedem sogenannten Wert steht ein Interessent mit seinen eigenwilligen Absichten und Zwecken.

Es gelang nicht, den Werten ein eigenständiges, über jeden Widerspruch erhabenes Sein zu verschaffen, unabhängig vom Begehren subjektiver Temperamente, vergleichbar den Ideen Platons. Denn alles, was einem Einzelnen liebenswert oder wünschenswert vorkommt, kann zu einem Wert erhoben werden, sofern es genug andere gibt, die seine Erwartungen teilen. Außerdem schließt jede Behauptung eines Wertes unvermeidlich – wie auf dem Markt – die Negation anderer Werte als minderwertig oder wertlos ein. Werte sind deshalb kämpferische Begriffe, weil deren Vertreter im Pluralismus der Meinungen und Möglichkeiten Nachteile für sich fürchten, sofern es ihnen nicht gelingt, die Ansprüche anderer Wertverfechter abzuwehren. Der Kampf der Werte um ihr Dasein beziehungsweise im Wettbewerb der Wertsetzer, ihre Werte zu realisieren, zu aktualisieren und ihnen möglichst breite Anerkennung zu verschaffen, führt zu ständiger Unruhe und dauerndem Auf und Ab der privaten und kollektiven Moden, Nervositäten und Mentalitäten. Die Werte haben es mit dem richtigen und guten Handeln zu tun, mit der Ethik und Moral, also mit dem Reich des Sittlichen, aus dem sich der Staat heraushalten soll. Voltaire verkündete einst, es gebe nur eine Moral, wie es nur eine Geometrie gebe. Er glaubte an die eine, immer gleiche Menschheit und Natur. An dieser unhistorischen Doktrin möchten Wertsetzer unbedingt als froher Botschaft festhalten, ungeachtet aller Wertkonflikte und Wertdebatten über Wertewandel oder Werteverfall.

Die Werte sind ganz offensichtlich weder universal – sonst spräche man nicht von europäischen oder westlichen Werten – noch beständig, wenn sie sich bei der allgemeinen Beschleunigung des Lebenstempos immer rascher wandeln können. Die Werte, die bislang keiner begrifflich zu bestimmen und von Normen, Prinzipien, Glaubenssätzen oder Idealen zu unterscheiden vermochte, gibt es mittlerweile im Überfluss als beliebige Sonderwerte: als christliche, soziale, kulturelle, ästhetische Werte, die Lebenswerte, Ordnungswerte oder Gestaltungswerte sein können, doch im Wertepluralismus je nach den Umständen der Zeit und des Landes mit ihrer unterschiedlichen Werteerziehung verschieden bewertet werden können. Die Zukunft der jeweiligen Werte ist höchst ungewiss. Die Werte führen also in ein unsicheres Gelände, auf dem kein Geländer festen Halt gibt.

Insofern gewinnt eine Rechtsordnung und Rechtsgemeinschaft keine höhere Sicherheit, wenn sie zu einer Wertordnung und Wertegemeinschaft umgedeutet wird. In Deutschland wird immer wieder die Wertordnung, das Wertesystem oder das Menschenbild des Grundgesetzes beschworen, freilich nicht mehr vom Bundesverfassungsgericht, das in den 50er-Jahren des vergangenen Jahrhunderts mit dieser Ideologisierung der Verfassung begonnen hatte.

Nach den Rechtsbrüchen während der nationalsozialistischen Epoche wollte man nicht nur den bürgerlichen Rechts- und Verfassungsstaat neu begründen, sondern ihn möglichst mit sittlichen Mächten verbinden. Im Grundgesetz werden Werte an keiner Stelle erwähnt und es kennt demgemäß auch kein Menschenbild. Wie der Einzelne seine Menschenwürde verwirklicht, bleibt allein ihm selber überlassen. Aber es wurde bald Brauch – sehr zum Verdruss strenger Juristen von Heinrich Ipsen über Ernst Forsthoff bis zu Ernst-Wolfgang Böckenförde –, mit Wertbeteuerungen die neutrale Verfassungsordnung mit Sinn aufzuladen und den Rechtsstaat wegen der Erfahrungen unter dem Nationalsozialismus vor seiner Inhaltslosigkeit und formalen Entleerung zu bewahren. Die Anrufung von Werten konnte um 1930 den Aufstieg des Nationalsozialismus nicht aufhalten. Das hielt aber Politologen, Soziologen und Journalisten nicht davon ab, in Ermangelung einer Staatsideologie Werte zu beschwören und der Verfassung als einem sakrosankten Buch »zivilreligiöse« Weihen zu erteilen. Werte sollten als Ersatz für die Metaphysik und die religiöse oder philosophische Dogmatik dienen, als solche werden sie weiterhin beschworen, indessen auch mit der Europäischen Union und der NATO als Wertegemeinschaft verbunden.

Damit wird Alexis de Tocquevilles Eindruck bestätigt: »Die Menschen, die im Zeitalter der Gleichheit leben, haben so viel Neugierde und wenig Muße; ihr Leben ist so unternehmend, so verwickelt. So erregt, so tätig, dass ihnen zum Denken nur wenig Zeit bleibt. Die Menschen des demokratischen Zeitalters lieben die Allgemeinbegriffe, weil sie dadurch der Versenkung in die Einzelfälle enthoben sind; sie enthalten, wenn ich so sagen darf, viele Dinge in kleinem Raum und führen in kurzer Zeit zu einem großen Ergebnis.« Das Wort Wert klingt wertvoll und erhaben, seine begriffliche Unbestimmtheit verleiht ihm Fülle und Bedeutung. Außerdem muss es irgendwo in der geistigen und sittlichen Welt eine Autorität geben. »Die Frage ist also nicht, zu wissen, ob es im demokratischen Zeitalter eine geistige Autorität gibt, sondern allein, wo sie enthalten ist und welches ihr Ausmaß sein wird.« Die Deutschen zweifelten nach 1945 an allen Autoritäten. Zur einzigen Autorität erhoben sie ihr Grundgesetz als neue Bundeslade und würdigten als Hohe Priester dieses neuen Bundes von Staat und Sittlichkeit die Verfassungsrichter in Karlsruhe. Damit entfernten sie sich von den liberalen Traditionen und sprachen dem Staat Interventionsmöglichkeiten in den ihm entzogenen Reichen der Sittlichkeit zu.

Das machte die Freiheit, in der sich die Menschenwürde auslebt, nicht sicherer, ganz im Gegenteil, die Rechtsordnung kann als Wertordnung zum Schauplatz ganz neuer Freiheitsberaubungen werden. Werden die materialen Festlegungen einer Verfassung als »objektive Wertordnung« verstanden, dann hat ein solches Wertesystem Geltung für alle Bereiche des Rechtes, das in alle Bereiche des gesellschaftlichen Lebens eingreift. Eine solche Verfassungsinterpretation »sanktioniert damit bestimmte politisch-ethische Grundüberzeugungen, denen sie allgemeine Rechtsgeltung verleiht, und diskriminiert andere, die diesen entgegenstehen. Freiheit gewährleistet sie nicht mehr unbedingt, im Wege rechtlich-formaler Ausgrenzung, sondern nur innerhalb der Wertgrundlage der Verfassung: wer sich außerhalb dieser sogenannten Wertgrundlage stellt, ... hat keinen Anspruch mehr auf politische Freiheit«, wie der ehemalige Verfassungsrichter Böckenförde mahnte. Der Freiheit verbürgende Grundsinn des Rechtsstaates gerät dann in Gefahr. Denn eine verfassungsrechtlich normierte Lebensordnung ist nicht diskutierbar, man kann sie nur befolgen, und wer das nicht tut, verliert seine freiheitliche Selbstbestimmung und wird rechtlos. Und der Kapitalismus vollendet sich nicht im Rechtsstaat, sondern in der Wertegemeinschaft, deren Werte wie auf dem Markt dauernd verändert werden können. Die Würde des Menschen ist längst antastbar geworden und seine Freiheit damit längst eingeschränkt, weil ja auch »der Staat« vor dem Markt und seinen Werten kapitulierte. Der Rechtsstaat droht zu einem historischen Begriff zu werden, den die Wertegemeinschaft überholt hat, die freilich mancher Verkleidungen bedarf, um ihre Sinnlosigkeit feierlich-schmückend zu einem festlichen Erlebnis zu machen.

KAPITEL I

Die Geburt der Werte aus dem Geist des Kapitalismus

»*Tugend* findet jetzt keinen Glauben mehr, ihre Anziehungskraft ist dahin; es müsste sie denn einer etwa als eine ungewöhnliche Form des Abenteuers und der Ausschweifung von neuem auf den Markt zu bringen verstehen. Sie verlangt zu viel Extravaganz und Borniertheit von ihren Gläubigen, als dass sie heute nicht das Gewissen gegen sich hätte. Freilich für Gewissenlose und gänzlich Unbedenkliche mag eben das ihr neuer Zauber sein: – sie ist nunmehr, was sie bisher niemals gewesen ist, ein Laster.« Diese Notiz fand sich im Nachlass Friedrich Nietzsches unter seinen Überlegungen zur neuen Moral eines neuen Menschen, der gefährlich lebt, durch Kriege und Siege gekräftigt ist und dem deshalb geistige oder praktische Eroberung und Abenteuer zum Bedürfnis geworden sind. Dieser neue Mensch überwindet in sich den schwächlichen Bedenkenträger und eine die vitalen Instinkte lähmende Gewissenhaftigkeit. Er findet darüber zur großen Gesundheit, die den Willen frei macht, »der der Erde ihr Ziel und dem Menschen seine Hoffnung zurück gibt, dieser Antichrist und Antinihilist, dieser Besieger Gottes und des Nichts«. Ein solcher Übermensch mit dem Willen zur Macht, sich das Leben formend zu unterwerfen, muss einst kommen und die Umwertung der Werte und die Überwindung der Minderwertigen vollenden. Darauf hoffte Friedrich Nietzsche. Denn mit ihrer Händlergesinnung und ihrem Geschäftsgeist engen sie die Hochgemuten und Vornehmen ein und bringen sie um ihre Möglichkeit, Lebensfülle zu erlangen und sie enthusiasmiert allein und mit anderen zu genießen. Alle ehemaligen sogenannten Tugenden hätten den Menschen nur betrogen und davon abgelenkt, sich selbst in kraftvoller Lebenslust und starker Lebensfreude zu verwirklichen, über sich selbst hinaus zu wachsen und zum Übermenschen, dem wahren Menschen zu werden, der alles Kleinliche, Mittelmäßige und Banale im wesenlosen Scheine erfolgreich hinter sich lässt.

Diese kolossal bürgerliche Idee des Bürgers Nietzsche begeisterte um 1900 die Bürger, die an sich und ihrer Klasse zweifelten oder verzweifelten. Wer wirklich lebendig sein wollte – Studenten, Künstler, Anarchisten, Bohemiens und deren »Kunst- oder Literaturweiber« –, folgte dem »Ruf des Lebens«, um sein Eigentum unverfälscht auszudrücken. Hingerissen von den »Lebensgluten« fanden die Authentischen, die Ehrlichen, wie von Nietzsche verheißen, zum Sinn des Lebens mit seiner ungeahnten, wunderbaren Wertfülle. Bitternisse und Krisen konnten den Wagemutigen nicht zaghaft stimmen. Das Eintauchen in alle Lebensmöglichkeiten erweiterte den Wertehorizont und führte zu überraschenden Sensationen, deren Intensität unbedingt bereicherte und den Lebenswert erhöhte. Unter solchen Voraussetzungen eines entfesselten Subjektivismus verlor die Tugend ihr Prestige. Über mehr als 2000 Jahre, die Nietzsche und seine Jünger freilich für einen allzu langen Irrweg hielten, wurde sie von Platon bis zu Cicero, Thomas von Aquin oder Baltasar Gracián und Friedrich Schiller als der beste Weg gefeiert, sich dem Wahren und Guten anzunähern, das mit dem Schönen eine Dreieinigkeit bildet. Eine Dreieinigkeit, die sich für den Christen im Dreieinigen Gott veranschaulicht, der das Wahre, Gute und Schöne verkörpert. Das Laster hängt mit der Lüge, dem Trug und der

Hässlichkeit zusammen, trotz der *pompa diaboli,* des verwirrenden Glanzes, mit dem die Sonne Satans das Nichtswürdige verführerisch wirken lässt.

Der vornehme Mensch, der Aristokrat vor allem, wird nach der Tugend streben und sich nicht dem Laster ergeben. So hieß es während der aristokratischen Epochen. Das Eingehen in den Willen Gottes befähige dazu, den Trug der Wirklichkeiten zu erkennen und den Traum des Lebens zu enttäuschen, um im Ewigen zuhause zu sein, in der festen Burg echter Tugend im Vertrauen auf Gott. Der Aristokrat und Ritter soll und kann Herr der Welt, seiner Umwelt werden, wenn er sich nicht von ihrem Zauber einfangen lässt. In der Nachahmung göttlicher Tugenden erhebt er sich über die Welt als Geschichte und Gesellschaft, indem er sie durchdringt und dabei gleichzeitig zu seiner vernünftigen, sittlich-schönen Vollkommenheit gelangt. Die Welt wurde von Dichtern, Erziehern und Theologen als der Schauplatz geschildert, auf dem der erhabene Held sich im ständigen Kampf während der dauernden Spannung zwischen der Tugend und dem Laster der Welt bemächtigt und über die Schwäche der Natur, seiner Natur triumphiert. Das Ich erfuhr darüber eine ungeheure Steigerung, und die ganze ideale Erziehung lief darauf hinaus, sich selbst zu erkennen und zu überwältigen. Eine bis zum Äußersten gehende Verinnerlichung, Selbstprüfung und Selbstkontrolle wurde vom Aristokraten verlangt, um Sieger über seine Leidenschaften und Triebe zu sein. »Nicht wenig Elend und Verwirrung kommt daher, dass wir durch eigene Schuld uns selbst nicht verstehen und nicht wissen, wer wir sind.« Das gab die sehr vornehme Dame und Heilige Teresa von Avila zu bedenken. Die gewünschte unausgesetzte Selbstbespiegelung schuf jene heroisch-empfindsamen Seelen, die im 16. und 17. Jahrhundert weich und sensibel auf alle Reize reagierten. Die Selbstbeschäftigung erweiterte den Seelenraum, sodass er schon durch zarteste Nuancen in Bewegung gebracht werden konnte. Das Heroenideal verlor seine martialische Härte, es wurde pretiöser und zarter, ohne doch seine feierliche Würde einzubüßen. Die weiche Seele empfing Festigkeit und Form vom Heroischen, das wiederum seine Härte durch die Seelenschönheit milderte.

Der zarten Empfindung und dem heroischen Willen entsprach ein abgemessen festliches Betragen mit einer Eleganz des Anstandes und der Sprache. Die Vollkommenheit, die perfección oder perfection, sollte eine ethische Eurhythmie bewirken, durch die eine schöne Tugend mit schönen Formen, wohlgefällig für Gott und die Menschen, in Erscheinung trat. Die Tugenden wurden durch ihr gemäße Formen ästhetisiert. Das Laster erschien als ein ästhetischer Fehler, und absichtlich eine Sünde zu begehen, das hieß die Logik, die Ethik und den guten Geschmack zu verletzen. In den äußeren Zeichen der Höflichkeit offenbare sich ein tiefer sittlicher Grund, wie noch Goethe andeutete. Bizarre Launen mochten interessant wirken. Aber war ein Aristokrat interessant, dann war er schon keine Standesperson, weil er den Rahmen seiner Gesellschaft durchbrochen hatte, innerhalb dessen die Regel galt und nicht das Recht auf private Arabesken. Die Regelmäßigkeit wollte das Persönliche nicht unterdrücken, sondern adeln. Denn die starre Form musste von jedem ganz auf seine Weise gelebt werden. Sie war nur dann starr und leblos, sobald der einzelne sie nicht mit der eigenen Würde und Persönlichkeit erfüllen konnte. Deshalb konnte Schillers Königin Elisabeth von Valois, die »schöne Seele« und große Dame, den noch schwankenden Carlos mahnen: »O Karl! wie groß wird unsre Tugend / Wenn unser Herz bei Ihrer Übung bricht.«

Die Tugenden ebnen aber auch den Weg in die Freiheit. Das Wesen der Wahrheit ist die Freiheit. Beides offenbart sich für den Christen in Gott, der den Menschen nach seinem Bilde geschaffen und ihn damit zur Freiheit berufen hatte. Die göttlichen Tugenden – Glaube, Liebe und Hoffnung – kräftigen den durch die Erbsünde verletzten Menschen bei der Bemühung, mit den menschlichen Tugenden – Klugheit, Gerechtigkeit, Tapferkeit und Mäßigung und all ihren Verzweigungen bis zur Höflichkeit und Liebenswürdigkeit – zur Selbständigkeit zu finden und seine Unabhängigkeit von dem in mannigfachen Erscheinungen lockenden Bösen zu behaupten. Die Tugenden und die Laster – Stolz, Habsucht, Neid, Zorn, Unkeuschheit, Unmäßigkeit und seelische Trägheit – wirken als Kräfte im Drama des Lebens, dem großen Welttheater, nur über dramatische Personen. Das Leben als Schauspiel – vor Gott, dem Spielmeister – entwickelt sich über Handlungen jedes Mitspielers, der sich ständig zwischen Mächten entscheiden muss, die nur gelebt werden können: den Tugenden und den Lastern. Sie hängen unmittelbar mit seiner Lebendigkeit zusammen. Der wahre Mensch lebt nicht gefährlich, wie es der bürgerliche Ästhet Nietzsche forderte, der sich kurzsichtig und lebensscheu nicht auf die Welt als das große Buch einließ, vielmehr in Büchern nach dem suchte, was er nicht kannte: das Leben. Der Mensch, den Nietzsche als christliche Abstraktion verwarf, lebt als konkreter Mensch vielmehr ungemein dramatisch. Denn die Suche nach Freiheit kann ihn, den Irrtumsanfälligen, in Abhängigkeiten von unguten, eben bösen Kräften bringen. Sein Lebensdrama beruht auf Handlungen, die auf eigenem Urteil beruhen. Oder auch nicht, da der Mensch über die Freiheit verfügt, auf Handlungen zu verzichten oder seiner eigenen Einsicht entgegen zu handeln. Es gäbe weder Komödien noch Tragödien, verhielten sich die Einzelnen anders. Wobei die Unterlassungssünden oder das Zulassen böswilliger und ungerechter Taten anderer die schlimmsten Verfehlungen sein können.

Im christlichen Verständnis bleibt das Dilemma des Einzelnen allemal, sich gar nicht für das Gute, Edle und Schöne entscheiden zu können, für existenzielle Kräfte, stünde ihm nicht die Wahl des Bösen und Hässlichen immer offen. Sonst wäre sein Tun kein Akt der Freiheit, sondern das Ergebnis äußeren und entfremdenden Zwanges. Friedrich Nietzsche kannte und bewunderte die klassischen Moralisten und Tragiker aus Frankreichs und Spaniens großer Zeit im 17. Jahrhundert, unter ihnen den scharfsinnigen Baltasar Gracián. Dieser weltkluge Jesuit unterrichtete Höflinge in der Kunst, mitten im Leben, unter unübersichtlichen Herausforderungen immer der Gleiche zu bleiben, der überlegen die Aufgeregtheiten anderer beobachtet und sie klug für seine Zwecke verwendet. Er bewahrt die Selbstbeherrschung und eine unerschütterliche, gefällige Seelenruhe. Was Friedrich Nietzsche den Willen zur Macht seines Übermenschen nannte, der die Mittelmäßigen überragt und sich von ihnen nicht auf ihr Niveau hinunterziehen lässt, fand er längst vorgebildet im sozial-ästhetischen Ideal höfisch-heroischer Ritterlichkeit. Den Aristokraten ging es damals allerdings nicht um Lebenswerte, auch nicht um glutvolle Lebenstüchtigkeit. Ihnen ging es um Lebensformen, die sich aus der Kunst ergaben, alles Übersprudelnde und Unmittelbare zu beherrschen – also gerade nicht authentisch zu sein.

»Der vornehme Mensch beruht auf sich selbst«, forderte der französische Moralist, der Herzog de La Rochefoucauld. Daraus zog Prinz Eugen, der edle Ritter, die Konsequenz für sich und seine Offiziere: »Meine Herren, Sie haben nur eine Lebensberechtigung, wenn Sie beständig auch in der größten Gefahr als Beispiel wirken, aber in so leichter und heiterer Weise, dass es Ihnen niemand zum Vorwurf machen kann.« Nicht die Gefahr zu suchen war die adelige Devise, vielmehr nie zu vergessen, auch unter schwierigsten Umständen herzbezwingende Anmut mit der Unerschrockenheit zu verbinden. Solche Forderungen galten nicht der Absicht, den Menschen über sich hinaus ins Übermenschliche zu steigern. Indem Einzelne ihnen gerecht wurden, vermittelten sie ganz leicht und unbeschwert den staunenden Übrigen ein Bild vom Adel des Menschen, ein Bild vom schönen Menschen. Den Bürger irritierte oftmals der aristokratische Leichtsinn, die festlich-repräsentative Gesinnung mit ihrem Luxus und der Lust an Verschwendung, ohne sich um den Nutzen und die Kosten zu kümmern. In der gefälligen Sorglosigkeit der Aristokraten witterte er gerne Frivolität, Unkenntnis der ernsten Tugend und der sittlichen Pflichten. Trotzig richtete der Bürger gegen den sinnlichen Genüssen nachjagenden Adel die wahren Tugenden, eben seine Tugenden: den Fleiß, die Sparsamkeit, das kalkulierende Wertbewusstsein, die Gewinnung von Kapital aus arbeitendem Geld und die alles beseelende Gemütlichkeit, die sich in der herzlichen Liebe zur Mutter seiner Kinder vollendet.

Bürgerliche Sittengemälde propagierten auf der Bühne, im Singspiel oder in Kupferstichen seit 1750 die bürgerliche Aufrichtigkeit, Anständigkeit und Zuverlässigkeit, die empfindsame Freundschaft der Biedermänner mit Bruderküssen und Herzensergießungen, die zärtlich mit beseligendem Tränentau benetzt wurden. Diese Bürger konnten während der Französischen Revolution aufgrund ihrer Tugend und Sittlichkeit die korrupten, lasterhaften Aristokraten entmachten und die Herrschaft der Lüge und des Betrugs stürzen. »Ich bin ein Landwirt«, sagte 1791 der Deputierte François Duval, »und ich wage es jetzt, den alten Adel meines Pfluges zu rühmen, einige Ochsen sind die reinen und unbestechlichen Amtsschreiber gewesen, in deren Gegenwart meine guten Vorfahren ihre Verträge geschlossen haben, deren Authentizität gegen jede erdenkliche Revolution geschützt und in die Erde besser eingefurcht ist, als sie auf vergängliches Pergament geschrieben könnte.« So äußerte sich der treuherzige, nun endlich seine Rechte einfordernde Bürger als Sachwalter der Tugend, der Einfachheit und des schlichten öffentlichen Anstands. Belesene Revolutionäre erinnerten immer wieder an die Römer, an deren republikanische Tugenden und selbstlose Vaterlandsliebe, ob die Republik bedroht war von inneren Feinden wegen ihres Luxus, dekadenter Allüren und parteilichen Ehrgeizes oder von ausländischen Königen, die sich von römischer Freiheit herausgefordert fühlten.

Sie dachten an die virtù, von der Machiavelli ebenfalls in Anlehnung an altrömische Sittlichkeit und Redlichkeit in seinen »Discorsi« sprach. Auch Republiken können nur sicher vor Unruhen und Untergang geschützt bleiben, wenn sie die Herzen der Bürger nicht verlieren und brachliegende öffentliche Tugenden wieder regenerieren. Was freilich voraussetzt, dass die virtù, die Bereitschaft, sich entschlossen und großherzig für die res publica einzusetzen, noch vorhanden ist. Sittliche Teilnahmslosigkeit, die Machiavelli so oft unterstellt wurde, ruiniere die Republiken, die vielmehr auf verantwortungsvollen Bürgergeist angewiesen sind, eben auf öffentliche Tugenden, die ihnen Lebens- und Überlebenskraft verleihen. Niccolò Machiavelli rechnete auch den Wehr- und Kriegsdienst zu den republikanischen Tugenden. Wehrhafte revolutionäre Republikaner entrissen in diesem Sinn in Frankreich dem Adel sein Privileg, für König und Vaterland kämpfen und sterben zu dürfen. Als Verfechter heroischer Bürgerlichkeit nötigten sie jeden zur Ehrenpflicht, wenn das Vaterland es verlangte, sein Alltagskleid abzulegen und als Bürger in Uniform sein Leben für die eine, unteilbare Nation einzusetzen.

Der Zivilist Maximilien de Robespierre, stets akkurat gekleidet, war der Inbegriff bürgerlicher Tugend, arbeitsam, solide, tadellos selbst in der Liebe. Er ließ sich nicht verführen von parteilichen Sonderbestrebungen oder trennen vom strengen Geist der Gerechtigkeit, wie er dauernd selbst erklärte. Er verband mit reinen Sitten und strenger Tugendübung eine unerschütterliche Anhänglichkeit an die demokratischen Prinzipien. Deshalb erkannten viele Franzosen in ihm den neuen tugendreichen Römer und feierten ihn als unbestechliches Genie, das alles vorhersieht, alles vereitelt und sich weder täuschen noch ködern lässt. Unentwegt wiederholten ergriffene Patrioten, dass Robespierre die ideale Gestalt des Bürgers erdacht habe und sie nun vollkommen repräsentiere, umsichtig und ohne Übertreibungen, allein auf das Glück seiner Mitmenschen und Rettung der von Ränkeschmieden, Verrätern oder Königen als Feinden der Freiheit bedrohten Republik bedacht. Den Kern der Republik bilde die Tugend, deshalb ist die republikanische Regierung gleichbedeutend mit der öffentlichen Sittlichkeit. Unter solchen Voraussetzungen bedeutet Unsittlichkeit, überhaupt alles, was das sittliche Schönheitsideal des Freistaates und seiner Bürger verdunkeln könnte, ein politisches Attentat. Freiheit, Tugend und gute Sitten ergänzten segensreich einander, hieß es begeistert, nachdem man die Ketten abgeschüttelt hatte, mit denen entartete Aristokraten ein Jahrtausend lang die Franken und Freien, die Franzosen gefesselt hatten.

Jean-Jacques Rousseau, als dessen Schüler sich Robespierre verstand, beklagte vor der Revolution die Gleichgültigkeit gegenüber der Tugend, trotz so schöner Reden über die Moral. Er staunte, wie »wir doch inmitten von so viel Philosophie, Humanität, Höflichkeit und erhabenen Prinzipien nur ein trügerisches und oberflächliches Äußeres haben: Ehre ohne Tugend, Vernunft ohne Weisheit und Vergnügen ohne Glückseligkeit«. Der Republikaner gab die Schuld daran nicht den Aristokraten, sondern der Gesellschaft insgesamt und ihrer Zivilverfassung, ihrer unzulänglichen Bürgerlichkeit. »Es ist sehr seltsam, dass man, seit man sich mit der Erziehung der Kinder beschäftigt hat, auf keine anderen Mittel, sie zu leiten, verfallen ist als auf Wetteifer, Eifersucht, Neid, Eitelkeit, Habgier, Feigheit, also gerade die gefährlichsten Leidenschaften, die am schnellsten emporschießen und am geeignetsten sind, die Seele zu verderben, noch ehe der Körper gereift ist.« Rousseau verwarf die Ideen der Wirtschaftsbürger von der unvermeidlichen Konkurrenz, von der naturgegebenen Notwendigkeit, nach Erfolg zu streben, um seinen Vorteil zu finden, indem man den Mitbewerber um den seinen bringt, und von der mutlosen Anpassung an die Verhältnisse, wie sie sind. Er sprach noch nicht von Werten und deren Verwertung, Aufwertung oder Entwertung im ununterbrochenen Kampf ums Dasein und Dabeisein. Er ahnte allerdings eine Tendenz, allmählich die Bildung und damit den Menschen ökonomischen Interessen zu unterwerfen. Friedrich August Wolf, der mit Rousseau vertraute klassische Philologe, wehrte sich 1807 schon deutlich gegen öffentliche Überlegungen, die nützlichen Wissenschaften zu bevorzugen, weil sie zu den Künsten des Erwerbs im Frieden und im Krieg, zur Verbesserung der Finanzen, der Fabriken, des Handels und der Land- und Hauswirtschaft Erhebliches beizutragen vermögen.

Ihm ging es um Kriterien zur vernünftigen Urteilsbildung, der notwendigen Bedingung persönlicher Freiheit, das wahre Ziel der Bildung. Wolf verfocht daher die Idee einer zweckfreien, nutzlosen und damit unbedingt wertlosen Wissenschaft. Auf die freie Bildung des Menschen durch Wissenschaft und Kunst sei auch ein späterer Staatsbeamter angewiesen, um sich mitten im Leben nicht als Pedant zu erweisen, sondern so zu entscheiden und zu wirken, wie es im jeweiligen Moment angebracht ist. Friedrich August Wolf dachte noch daran, über humanistische Bildung den Bürger mit dem Adel auszusöhnen und ihm mit schöner Menschlichkeit zu Anmut und Liebenswürdigkeit zu verhelfen. »Nein, dass adlig all auf Erden, / Muss der Adel Bürger werden«, sang 1810 Achim von Arnim und schloss damit ein, dass der Bürger sich schönen Sitten öffne, die den allgemeinen Seelenadel schmücken. Beide kannten Goethes »Wilhelm Meister«. Den bekümmerte in der Auseinandersetzung mit seinem »Klassenkameraden« Werner, den totes Kapital um seine Daseinsfreude brachte, dass der Bürger unter solchen Bedingungen nie zu einem freien Anstand fände. Der Adelige hingegen als eine öffentliche Person achte auf eine gewisse feierliche Grazie bei gewöhnlichen Dingen und auf eine Art von leichtsinniger Zierlichkeit bei ernsthaften und wichtigen. Damit zeigt er, überall im Gleichgewicht zu stehen. Er gefällt sich, weil er anderen gefällt. Der Bürger in seiner beschränkten privaten Sphäre »darf nicht fragen, was bist du? Sondern nur: was hast du? Welche Einsicht, welche Kenntnis, welche Fähigkeit, wieviel Vermögen?« Der Bürger soll nur leisten und schaffen, er soll sich professionalisieren, vereinseitigen, spezialisieren, um brauchbar zu werden und sich nützlich zu machen. »Es wird schon vorausgesetzt, dass in seinem Wesen keine Harmonie sei, noch sein dürfe, weil er sich, um sich auf eine Weise brauchbar zu machen, alles Übrige vernachlässigen muss.«

Werte und Verwertung auf dem allgegenwärtigen Markt

Diese Spannung ließ sich nicht aufheben. Der Bourgeois war ja stolz, wie Werner auf sein Leistungsbewusstsein, auf seinen Arbeitswillen, auf seine unternehmerische Phantasie. Was ihm fehlte, weil beschränkt auf seine Subjektivität, das sollte ihm »das große Individuum« vermitteln, die Nation, an der jeder als Bürger Anteil hatte. In ihr aufzugehen bedeutete, in einem wahren Tugendbund mit anderen die nationalen Tugenden wach zu halten und möglichst deren Überlegenheit im Wettbewerb mit anderen Nationen zu erreichen. Die verspielte ästhetische Erziehung, der sich deutsche Idealisten eine Zeitlang hingaben, wich in Zeiten fortschreitender Arbeitsteilung einem gewissenhaften Arbeitsethos, das Arbeitsfreude verlangte und jeden nach seinen Arbeitserträgen beurteilte, nach seiner Arbeitskraft und den mit ihrer Hilfe produzierten Werten.

Auch die freie Wissenschaft suchte Anschluss an die Marktstrategien der Verlage und Zeitschriften. Sie wurde wertbewusst, Auflagen, Vertrieb und Rezensenten beachtend. Der Gelehrte fügte sich in die Mechanismen der Verwertung und der Propaganda für geistige Werte, die sie mit den materiellen verknüpfte, beide damit in eine wunderbare Wertegemeinschaft eingliedernd. Keiner nannte sie vorerst so, weil sich zumindest die geistigen Arbeiter, die es bislang nie gegeben hatte, manchmal noch schämten, die Wissenschaft und Kunst wie eine Kuh zu melken, aus deren Milch sich gut verkäufliche Butter gewinnen ließ. Sind alle nur Arbeiter, mit dem Kopf oder der Hand, die bei ihrem Tun stets an ihren Marktwert denken müssen, den sie möglichst im Wettbewerb steigern wollen, dann liegt es nahe, dass die Nationalökonomie, überhaupt die verschiedenen Wirtschaftswissenschaften, die sich nach und nach herausbildeten, danach drängten, als »Leitwissenschaft« anerkannt zu werden. War ihr Gegenstand nicht die Substanz alles wirklichen Geschehens? Waren ihre Vertreter nicht die einzigen Wirklichkeitswissenschaftler der bürgerlichen Gesellschaft, notwendig für alle, die mit dem Markt zu tun hatten? Konnten sie nicht am besten den Zusammenhang aller praktischen und geistig-ästhetischen, auch politisch-sozialen Kräfte und Bewegungen erklären? Wirtschaftsliberale zweifelten daran nicht, auch nicht deren Vettern, die Sozialisten.

Doch die Wirtschaftsbürger fürchteten gleichwohl den Sozialismus, und Bildungsbürger wollten noch nicht ganz und gar auf ihren Anspruch verzichten, systematisch ordnen zu können, was die Welt im Innersten zusammenhält. Am Vorrang des Geistes, der Ideen und ihrer Wirklichkeiten hielten sie fest, um nicht vollends von dem Markt mit seinen Werten und Bewertungen abhängig zu werden. Wirtschafts- und Bildungsbürger pflegten, ungeachtet ihrer Differenzen, gemeinsam eine bürgerliche Wohlanständigkeit, peinlich bemüht, nicht durch allzu individuelle Regungen aufzufallen, ihr Temperament zu zügeln und vor allem die Ehe als Voraussetzung einer bürgerlichen Familie betrachtend, die möglichst leidenschaftslos funktionieren sollte. Im Haus herrschte die Tugend in mancherlei Abstufungen mit der zu ihr gehörenden Disziplin, die Leistungswille und Arbeitslust erzwingen. Die Wirtschaftsbürger und Bildungsbürger waren gemeinsam überzeugt von den Gedanken, die Hieronymus Lorm, ein längst vergessener Idealist ohne Ideale, nach 1850 unter dem Eindruck eines Ökonomismus, der sich als realistischer Humanismus ausgab, in Verse fasste: »Nur Arbeit hebet dich hinweg, / Aus trübem Weltverneinen, / Sie gibt der Stunde einen Zweck, / Hat auch das Leben keinen.«

Die Arbeitsgesinnung vereinte alle Bürger als Arbeiter und entfernte sie dennoch von den Arbeitern, denen sie ihre Arbeitsideologie aufzwangen. »Arbeit macht frei« – das war die bürgerliche Devise. Was gearbeitet wird, war ganz gleich, die Hauptsache: es wird gearbeitet. Mit der Sittlichkeit hatte die Arbeit nichts mehr zu tun. Es ging nur noch um Leistung und dass sie sich unbedingt lohnen müsse für den, der seiner Leistungskraft unermüdlich neue Taten abrang. Wer nichts leistet, gerät an den Rand der Gesellschaft und verliert jeden Respekt, da er, keine Werte schaffend, bekundet, mit den bürgerlichen Tugenden nicht vertraut zu sein. Die Freien bilden eine Leistungsgesellschaft, sie leisten etwas für die Gesellschaft. Sie dachten nicht mehr an ihre ureigenste *perfectibilité*, an ihre Vervollkommnungsfähigkeit, sondern an die Gesellschaft und deren Fortkommen im mittlerweile globalen Wettbewerb. Die Freiheit betrachtete aber das liberale Bürgertum vorzugsweise als besonderen Besitz, der ihm als der leistungsfähigen, befreienden Klasse zustehe, solange noch nicht alle unter ihrer Anleitung reif geworden sind für deren allgemeine Verwirklichung durch allgemeine Leistungsbereitschaft. Wer etwa streikt und die Arbeit niederlegt, versteht nicht die Freiheit, die mit Pflichten verbunden ist, um gemeinsame Aufgaben zu lösen, die der Gesellschaft als Ganzes zugutekommen.

Deshalb müssen Arbeiter und Knechte erst einmal an sich arbeiten, um sich über die Arbeit zu versittlichen und zu lernen, auf übertriebene, weil unsittliche Ansprüche zu verzichten. Wer will, der kann und wird seinem Arbeitswert entsprechend bewertet. Eingebunden in die Produktion, in ein überpersönliches Wollen, können die unruhigen Klassen den Weg in eine sozialverträgliche Freiheit einschlagen zum Vorteil der bürgerlichen, der guten Gesellschaft. Max Stirner, der für jeden Einzigen mit seinem Eigentum kämpfte, hatte 1845 zu bedenken gegeben, dass Arbeiten für die Gesellschaft nur dann ein gutes Arbeiten wäre, wenn zuvor festgestellt wurde, dass die Gesellschaft aus guten Menschen bestünde. Wer Güter produziert, in Umlauf bringt und möglichst deren Wert vermehrt, also der Kapitalist, wie es jetzt immer häufiger heißt, versteht sich selbstverständlich als ein Guter. Denn er leistet allen Übrigen wertvolle Dienste, denen nichts anderes übrig bleibt, als sich zu möglichst günstigem Preis verwerten zu lassen. Der Bürger war stolz auf seine Individualität, auf seine Eigenart. Als Liberaler erkannte er eine Verletzung der menschlichen Würde darin, wie ein Objekt behandelt und sich selbst entfremdet zu werden. Den Arbeiter beurteilte er freilich wie eine beliebige Ware, wie ein Objekt, das seinen Wert einbüßte, wenn es sich nicht mehr als tauglich erwies, bestimmten Zwecken zu genügen. Darin lagen die Widersprüche einer freien Marktwirtschaft, die sich als ökonomische Wertegemeinschaft begriff.

Friedrich Nietzsche, der später nach der Umwertung aller Werte verlangte, klagte 1872 als enttäuschter Schöngeist und Bürger darüber, dass die nationalökonomischen Dogmen der Gegenwart eine Menschenbildung überhaupt nicht mehr zuließen. Das klassische Menschenbild genügte nur unzulänglich den immer unverblümter vorgetragenen Erwartungen aus allen möglichen Wirtschaftszweigen, die Bildungsanstalten sollten ihre Interessen und Bedürfnisse nachhaltig berücksichtigen. Denn Bildung sei schließlich ein Rohstoff, auf den Deutschland ganz besonders angewiesen sei, um im internationalen Wettbewerb seine Weltgeltung zu erhalten und seine Exportraten zu steigern. »Möglichst viel Erkenntnis und Bildung – daher möglichst viel Produktion und Bedürfnis – daher möglichst viel Glück – so lautet etwa die Formel. Die Bildung würde ungefähr von dieser Richtung aus definiert werden als die Einsicht, mit der man sich ›auf der Höhe seiner Zeit‹ hält, mit der man alle Wege kennt, auf denen am leichtesten Geld gemacht wird, mit der man alle Mittel beherrscht, durch die der Verkehr zwischen Menschen und Völkern geht. Die eigentliche Bildungsaufgabe wäre demnach, möglichst ›courante‹ Menschen zu bilden, in der Art dessen, was man an einer Münze ›courant‹ nennt.« Gerade darin müsse die Absicht der Bildungsanstalten liegen, jeden derartig auszubilden, dass er von seinem Wissen das größtmögliche Maß von Glück und Gewinn hat. Das heißt: »Jeder muss sich selbst genau taxieren können und wissen, wie viel er vom Leben zu fordern habe.«

Eine gängige Münze zu werden, auf seine Verwertbarkeit zu achten, sich selbst zu taxieren, also seinen Wert zu berechnen, um seine Marktchancen und Verwertbarkeit richtig einschätzen zu können, das widersprach eklatant der Idee menschlicher Würde und Freiheit. Sachen haben ihren Wert und ihren Preis, Der Mensch hingegen hat seine Würde, die ihn als Freien auszeichnet. Mit der beginnenden Versachlichung, Verdinglichung des Menschen war eine Bewegung an ihr Ende gelangt, die Rousseau, Goethe, Schiller oder Hegel aufhalten und wohltätig in ihrem, dem humanistischen Sinne verändern wollten. Die Ökonomie erwies sich als stärker. Sie verwies als wertlos, was sich ihren Kategorien der Berechenbarkeit entzog: die Tugend, Ideale, Prinzipien, Glaubensgrundsätze, die alle mit einer verbindlichen Wahrheit zusammenhängen. Damit war auch der Versuch gescheitert, den unscheinbaren Bürger, den Händler und Verhändler, aus seiner Geschäftsgesinnung zu befreien und zum adeligen, schönen Menschen zu bilden. Den Humanismus, verbunden mit der idealistischen Philosophie und der klassizistischen Idee der schönen Form des Vortrefflichen, bedrängte immer energischer ein humanistischer Realismus. Der sorgte sich weniger um Menschenbildung durch Wissenschaft als um die Vorteile, die sich aus der Zusammenarbeit von Forschung und Produktion für den Verbraucher ergeben konnten. Die Spezialisierung wurde bewusst in Kauf genommen, da ohne sie brauchbare, also verwertbare Ergebnisse in den Wissenschaften nicht zu gewinnen waren. Die Arbeitsteilung drang nun auch in die Universität ein, die doch den Zusammenhang aller Wissenschaften repräsentieren sollte.

In die arbeitsteilige Welt mit ihren Mechanismen und Anforderungen passten Vorstellungen von der Harmonie des Wesens überhaupt nicht. Der Bürger als Geschäftsmann fand nichts dabei, nur Ausdruck seines Berufes zu sein. Ja, was Schiller an ihm tadelte, ein enges Herz zu haben, »weil seine Einbildungskraft, in den einförmigen Kreis seines Berufes eingeschlossen, sich zur fremden Vorstellungsart nicht erweitern kann«, betrachtete er jetzt als Vorzug. Die Spezialisierung und Beschränkung bewahrte ihn vor schädlichen Torheiten und Phantasien, die sich »nicht rechneten«, weil sie keine Wertschöpfung verhießen. Unter dem kalkulierenden Ökonomismus bekamen Werte auf einmal eine ungemeine Bedeutung für deren Verwerter, um möglichst im Wettbewerb eine Wertsteigerung für die eigenen Produkte als Waren zu erzielen und durch den eigenen Erfolg das Angebot mancher Mitbewerber um die Gunst der Käufer als minderwertig oder gar wertlos zu deklassieren. Das bereitet Freude, das erlaubt die sehr bourgeoise Schadenfreude, jemandem einen Nachteil verschafft, ihn übervorteilt zu haben. Der Erfolg ist der Ruhm des kleinen Mannes, wie Aristokraten sagten. Der dauernde Erfolg bestätigte die Kreditwürdigkeit eines Industriellen. Das Credo löste sich vollständig von dem Gott, dem es einst galt, und drückte den Glauben an den neuen »roi de notre époque« aus, an das Kapital, das den Kapitalisten – der erst jetzt unter Einfluss der Nationalökonomen David Ricardo und Karl Marx dauernd so genannt wurde – mit einem numinosen, Ehrfurcht gebietenden Schein umgab. Aber es gab in klassischer und aristokratischer Tradition einen heftigen Widerwillen gegen die Herrschaft des Geldes. Das Geld war zu sehr mit dem Geiz, der Habgier und dem Neid belastet, mit allem Unedlen und Hässlichen. Insofern geriet der Bürger rasch in den Ruf, ein berechnender Egoist, ein spekulierender Philister und geistloser, doch sehr von sich überzeugter Spießer zu sein.

»dass nur auf Schacher und Geld sein Merk der Bürger stellt«

Der Bürger Pogner spricht davon in Richard Wagners »Die Meistersinger von Nürnberg«: »In deutschen Landen viel gereist, / hat es mich oft verdrossen, / dass man den Bürger wenig preist, / ihn karg nennt, / und verschlossen / … dass nur auf Schacher und Geld / sein Merk der Bürger stellt«. Richard Wagner, der soziale Ästhet, den die bürgerliche Form- und Geschmacklosigkeit empörte, gegen die er sich entschlossen auflehnte, widerlegte mit seinen »Meistersingern« gerade nicht diese Meinung als Vorurteil, sondern bestätigte sie. Ein unkonventioneller Bürger und ein Aristokrat, der die Nähe zu einem idealen Bürger, zum freien, schönen Menschen sucht, durchbrechen die routinierte Geschäftigkeit bornierter Bürger, die nie aus leblosen Traditionen und Zwängen zur geistigen Unabhängigkeit fanden. Diese soll aber doch, wie das Ende auf der Festwiese veranschaulicht, das Ziel sein, damit aus Bürgern endlich Menschen werden. Den Bildungsbürgern wurde zunehmend ihre eigene Klasse fragwürdig, in ihren Mitbürgern Banausen witternd, die im Moment befangen grellen Sensationen und virtuosen Kitzeln erlagen, die auf dem Markt feil geboten wurden und deren leichte Verkäuflichkeit es ernsten, anspruchsvollen Künstlern erschwerte, sich ihr Publikum für ihre Werke und Kunstauffassung zu erziehen. Die bürgerliche Tugend verwarfen Bürger, die am Bürgertum verzweifelten, als saures Moralin, als Vergewaltigung des Menschen, der dazu bestimmt war, sich nicht zu vermarkten, sondern auf die Stimme seines Herzens mit dessen ganz eigener Vernunft zu achten und nicht auch noch die Ehe als reines Geschäft zu behandeln.

Das bürgerliche Glück im trauten, üppig ausgestatteten Heim dokumentierte mit viel Besitz das Recht auf Glück und die Berechtigung zum Glück. Dem Tüchtigen bleibt diese Welt nicht stumm, hieß es im »Faust«. Das Glück des Leistungsfrohen ist verdient, nicht zuletzt im Vergleich mit dem Adel, der erbt, ohne sich Verdienste erwerben zu müssen. Das bürgerliche Glück beruhte auf Werten, greifbar, sichtbar und einschüchternd für den, der die »Wertanlagen« der Geldbürger betrat, in denen sie sich zu Renaissancebürgern stilisierten und mit sich selbst und ihren Geschäftsfreuden Theater spielten. Kulturkritiker erblickten in diesen Kostümstücken bürgerlicher Selbstinszenierung vor allem Lüge und feierlichen Selbstbetrug. Die bürgerliche Tugend als heroischer Ausdruck des freien, selbstbewussten Individuums überlebte noch einige Zeit in der *grande opéra,* bis die große Oper im großbürgerlichen Palais eben auch den großen Menschen und Helden auf der Bühne um ihre Würde brachte. Allzu auffallend war der Kontrast des idealen Bühnenbildes mit dem Bild der Wirklichkeit. Dabei verfügten die großen Unternehmer unbedingt über eine bestimmte Größe, ausgreifend und weitschauend zu planen und zu handeln. Sie waren Konquistadoren neuer Art: Sie eroberten Märkte, beherrschten sie oder verbündeten sich wie Großmächte mit Konkurrenten, um die Beute und Gewinne zu teilen.

Solch mächtigem Wollen fehlte es nicht an Pathos, um zu beeindrucken, aber an Liebenswürdigkeit und Charme, mit der die früheren Herren ihre Vorherrschaft erträglicher gemacht hatten. Auch Gelehrte eiferten diesem großindustriellen Gebaren in der Wissenschaft als Großbetrieb nach. Ihre Werke waren so monumental wie die Malakoff-Türme der Zechen im Ruhrgebiet, Monumente des Fleißes, des Willens zur systematischen Ordnung und Bestätigung des Anspruches, auf ihrem wissenschaftlichen Fabrikgelände die alleinige Aufsicht streng aber gerecht auszuüben. An Gruppenarbeit dachten diese Produzenten von Verbrauchsgütern oder auf Wissen gestützten Waren für einen weiten, nach immer neuen Waren begierigen Markt überhaupt nicht. Sie handelten selbständig und achteten peinlich auf ihre Unabhängigkeit. Insofern waren sie auf eine Art frei, obschon zugleich Schlachtopfer des Fleißes, ihres Arbeitsethos und ihres Leistungspathos. Freude hatten an diesen Werttätigen nur Gleichgesinnte, die vorzugsweise das wertschätzten, was wertvoll zu sein versprach und damit aussichtsreiche Möglichkeiten zur bequemen Vermarktung in Aussicht stellte.

Der Wert gehörte zur ökonomischen Sphäre. Vor Adam Smith war er nicht einmal dort bekannt. David Ricardo und Karl Marx entwickelten Werttheorien, die sich auf die ökonomische Sphäre beschränkten, wo sie sinnvoll und notwendig sind. Karl Marx und Friedrich Engels, die dem bürgerlichen Kapitalismus vorwarfen, in seinen Verwertungsprozessen alles, selbst den Menschen als Ware zu verwerten, kamen nie auf den Gedanken, den Wert, ob als Tauschwert oder Mehrwert, aus seinen unvermeidlich unsittlichen Zusammenhängen zu befreien. Beiden erschienen das Wertbewusstsein und die Verwertungsstrategien, weil unmittelbar zur kapitalistischen Wirtschaft gehörend und ohne sie gar nicht denkbar, als typisch für das Wirtschaftsbürgertum und seinen Ökonomismus. Es war der vom Bürgertum enttäuschte Wagnerianer Friedrich Nietzsche, der eine Umwertung der Werte wünschte und über ein ökonomisches Verfahren den Werten jenseits der Ökonomie einen verpflichtenden Rang sichern wollte. Ihn verstimmten, wie so viele Deutsche, die sich in ihrer »Jetztzeit« unbehaglich fühlten, die »Krämerphilosophie« englischer Utilitarier von Jeremy Bentham bis Herbert Spencer »vom allgemeinen Nutzen« und dem »Glück der Meisten«. Dahinter vermutete Nietzsche nur ein sehr englisches Glück, das Streben nach *comfort* und *fashion* und, an höchster Stelle, einem Sitz im Parlament. Nach deren Theorien galt als gut und als ein Gut, was sich von jeher als nützlich und praktisch, bequem und verkäuflich erwiesen hat.

Das Nützliche und Praktische, alles, was das Leben bequemer macht, hängt mit Waren zusammen, die von ihren Verbrauchern für wertvoll gehalten werden, die deshalb bereit sind, den für sie geforderten Preis zu entrichten. Das Gute, das alles Nützliche enthält, lässt sich nur noch schwer von dem brauchbaren Gut unterscheiden, das den Komfort vermehrt und dem Gewissenhaften ein behagliches Ruhekissen verschafft, auf das er nach des Tages Mühen und Unrast sein Haupt sanft betten kann. Diese marktwirtschaftliche Verschmelzung von Geschäft und Moral, Eigennutz und Heuchelei bekämpfte Nietzsche auch als christlich oder platonisch. Die Ideale und Tugenden, die herkömmliche Moral verwarf er als eine Konstruktion der Mittelmäßigen und der kleinen, engen Geister, die sich vor dem Leben fürchten, auf das sich die Wagemutigen einlassen. Die herrschende Moral verurteilte er als Ergebnis des Ressentiments der Schwachen gegenüber den Starken, um diese zu kontrollieren und ihren Vorstellungen zu unterwerfen. Vom Guten und den Tugenden als sittlichen Gütern konnte er nicht mehr reden. Beides hing mit dem *summum bonum* zusammen, mit dem christlichen Dreieinigen Gott und der in ihm offenbaren Einheit des Wahren, Guten und Schönen. Friedrich Nietzsche war trotz aller Proteste gegen den Nachteil der Historie für das Leben doch insofern ein zeitgemäßer Historist, als er die Geschichtlichkeit sogenannter ewiger Wahrheiten hervorhob, die je nach dem vergänglichen Augenblick im dauernden Werden aus dem Gewordenen anders gedeutet und erläutert werden. Die Geschichtlichkeit nahm allen Ideen und geistigen Gütern ihre überzeitliche Verbindlichkeit und Überzeugungskraft.

Mit der Bibelkritik und der Historisierung der Evangelien begann es, die Relativierung der großen philosophischen und ästhetischen Systeme war eine naheliegende Konsequenz. Ist alles in der Welt als Geschichte vergänglich und im Wandel, dann ist das einzig Beständige der Wandel. Dann löst sich aber auch eine Vorstellung vom immer gleichen, mit sich identischen Menschen auf, und es gibt nur noch wechselnde Menschen, die in jeweils anderen Zeiten ein anderes Bild von sich haben. Unter dem Eindruck eines ungewohnten Pluriversums als Markt der Möglichkeiten verlor der Bürger seine Gewissheiten und suchte nach einem Halt. Die Empfehlung des Hieronymus Lorm, sich damit abzufinden, dass die Arbeit zwar der Stunde einen Zweck gibt, aber dem Leben keinen Sinn, hielt für die meisten Bildungsbürger keinen Trost bereit. Worüber sie als Christen früher nie grübeln mussten, danach suchten sie nun auf einmal ungeduldig: nach dem Sinn des Lebens und ihrer Existenz. In dem Moment, als sich die Wahrheitsfrage erübrigte, stellte sich die Sinnfrage und führte zum »Kampf um einen geistigen Lebensinhalt«, wie Rudolf Eucken, der melancholische Philosoph der unsicher gewordenen Bürger, die nervöse Suche nach Sicherheit am Ende aller Sicherheit nannte. Die Wirklichkeit, diese Sphäre beliebiger Tatsachen und Gegenstände, die mit Werten verknüpft waren und als mehr oder weniger wertvoll galten, blieb unübersichtlich und willkürlich. Das verwirrte Nietzsche, der über und hinter den zufälligen Werten ein Reich wirklicher und dennoch dauernder Werte vermutete, die den bloßen Ökonomismus in seine Grenzen wiesen, und mit einer Hierarchie der Werte eine Ordnung ermöglichte, in der »der Mensch« plötzlich wieder auftauchte, jetzt in der Rolle des Übermenschen, der als Sinnstifter wie lebensmutiger Wegweiser die höheren und höchsten Werte verficht. Ihm müssen sich die Vertreter minderer Werte fügen, die Anhänger der Sklavenmoral mit ihren Vorurteilen gegenüber allem Großen, Freien und Erhabenen.

Friedrich Nietzsche wollte in einer Zeit, die vorzugsweise nicht mehr in der Politik, wie noch Napoleon, sondern in der Wirtschaft »die Macht des Schicksals« erwartete, die einst die Götter in der Tragödie ausübten, einen wirtschaftlichen Begriff geistig aufladen, um mit ihm zweckgebundene, nur auf den Nutzen und die Vernutzung ausgerichtete Tätigkeiten einem neuen Sinngefüge einzuordnen. Die Werte, die im Zusammenhang mit dem Markt immer vom Verbraucher bestimmt wurden, der bestimmte Waren und Objekte bevorzugte, andere verwarf oder unterschätzte, sollten auf einmal wie die platonischen Ideen, befreit von allen Schlacken, die von der niedrigen und erniedrigenden Geschäftsgesinnung herrühren, in einer von aller Subjektivität unberührten Sphäre selig in sich selbst schwingen und den Rat- und Mutlosen Kraft spenden. Das sehr reizbare, stets mit sich selbst beschäftigte Individuum Nietzsche konnte weder von sich noch den anderen Individuen absehen. Es ging ihm sogleich um »unsere« Wertschätzungen und Gütertafeln und was bei ihrer Herrschaft herauskam, sobald die wertefühlenden Einzelnen sich mit ihrem Willen zur Macht durchsetzten. Leben ist Wille zur Macht, behauptete Nietzsche. Das Wertschätzen, das mit diesem Willen verbunden, weil zugleich ein Wertsetzen, ist »eine Art zu interpretieren«. Sie setzt einen Interpreten, einen Wert- und Sinnstifter voraus. »Mein Hauptsatz: es gibt keine moralischen Phänomene, sondern nur eine moralische Interpretation dieser Phänomene.« Interpretation ist aber ein Mittel, um Herr über etwas zu werden, wie er zugibt. Also herrschen nicht die Werte, sondern jene, die ihnen Geltung verschaffen und sie je nach ihren Bedürfnissen abwerten, umwerten oder aufwerten.

Die wichtigste Aufgabe des Wertbewussten, der den Umkreis menschlicher Werte und Wertgefühle durchlaufen hat, ist deshalb, Werte zu schaffen. Kant und Hegel waren solche Wertsetzer und Wertschöpfer. Denn die eigentlichen Philosophen sind nach Nietzsches Ansicht Befehlende und Gesetzgeber. »Sie greifen mit schöpferischer Hand nach der Zukunft, und alles, was ist und war, wird ihnen dabei zum Mittel, zum Werkzeug, zum Hammer. Ihr ›Erkennen‹ ist Schaffen, ihr Schaffen ist eine Gesetzgebung, ihr Wille zur Wahrheit ist – Wille zur Macht.« Die Werte schweben nicht in einem jedem subjektiven Zugriff entrückten Raum, wo Nietzsche sie gerne ansiedeln würde. Sie entstehen, wie auf dem Markt, erst durch Wertsetzer mit ihrem Willen zur Macht und ihrer Übermacht, im umworbenen und bereitwilligen Konsumenten einen der Marke treuen Mann zu gewinnen, der die Gefolgschaft nicht aufkündigt, weil sein lebenslanger Kundenwert sachlich von denen berücksichtigt wird, die ihn als Wertsetzer zur intensiven Wertschöpfung anhalten. Der Kunde ist gar nicht König, wie ihm suggeriert wird; er ist ein Wertabhängiger, der nach Werten giert, die Übermenschen ihm als wertvoll empfehlen, damit er zu einem Selbstwertgefühl gelange.

Friedrich Nietzsche vermochte die Werte, die im Ökonomischen vom Subjekt gar nicht zu trennen sind und dort auch gar nicht von ihm getrennt werden sollen, nicht als fordernde Übermächte zu rechtfertigen, die, wie die Tugenden, unabhängig vom Menschen, ob er ihnen folgt oder nicht, ihre Allgemeingültigkeit behalten. Diese kommen von Gott und leiten zu ihm hin. Auf die Zeiten wirken sie über den Menschen ein, der sie lebt und mit ihnen die Zeiten verändert. »Nos sumus tempora« – »Wir sind die Zeiten. Lasset uns gut leben, und die Zeiten sind gut. Wie wir sind, so sind die Zeiten«, rief der heilige Augustinus seinen Christen zu, die während der Krise Roms verzagten. Die Geschichte muss nicht erlitten werden. Der tätige Mensch ist vielmehr aufgerufen, in deren Ablauf einzugreifen und sich nicht von der Vergänglichkeit und Flüchtigkeit aller zeitlichen Erscheinungen einschüchtern zu lassen. Über die Tugenden steht er mit Christus, dem Herrn der Geschichte, in dauernder Verbindung. Christus aber ist eine Person, er ist die Wahrheit und das Leben. Zu beidem kann jeder in der Nachfolge Christi gelangen, indem er die von seinem Geist erfüllten Tugenden lebt. Werte hingegen sind der Zeit verhaftet, und sie verändern sich ununterbrochen während der Metamorphosen der Gesellschaft. Die Schwierigkeit für Nietzsche und alle späteren Werttheoretiker bestand darin, trotz aller Subjektivität und Geschichtlichkeit die abstrakten Werte als dauernd fordernde und wirkende Mächte rechtfertigen zu müssen, obschon sie, wie alles vom Menschen Gemachte und Gedachte, der Zeit unterworfen sind und in ihr vergehen, wie sie in ihr entstanden.

»Auch das Schöne muss sterben«

»Die Vorläufer des Übermenschen, die Vornehmen, Mächtigen, Höhergestellten und Hochgesinnten«, empfanden sich selbst und ihr Tun als gut, als ersten Ranges »im Gegensatz zu allem Niedrigen, Niedrig-Gesinnten, Gemeinen und Pöbelhaften. Aus diesem Pathos der Distanz heraus haben sie das Recht, Werte zu schaffen, Namen der Werte auszuprägen, ... was ging sie die Nützlichkeit an?« Die *divites et potentes,* die Reichen und Mächtigen, wahrten nie dieses Pathos der Distanz. Als Christen wurden sie gewarnt vor geistigem und praktischem Hochmut. An anderen Stellen warf ihnen Nietzsche deshalb vor, sich dem moralischen Druck der Niedrig-Gesinnten gebeugt zu haben. Außerdem war ihm ja bewusst, dass die Ideale der Vornehmen sich verändern oder mit ihnen verschwinden können. Friedrich Nietzsche argumentierte als beleidigter Ästhet, der die Massenkultur verachtet und in der gerade anbrechenden Demokratie die Macht fürchtet, die alles Edle und Schöne hinunterzieht in die eigene Gemeinheit, bis alles gleich, weil alles niedrig ist. Der »Moraltrompeter von Säckingen« – Friedrich Schiller, den er nicht mochte – gab sich keinen Illusionen darüber hin, dass in der Geschichte auch das Schöne sterben muss, »das Götter und Menschen bezwinget«. Doch dagegen protestierte der Wagnerianer Friedrich Nietzsche vehement. Das Gute und Wahre, ein lästiger Irrtum für ihn, konnte sang- und klanglos vom Orkus verschlungen werden. Das Schöne aber, das dem Leben Glanz und Schimmer verleiht, darf nicht untergehen, weil ohne Schönheit das Leben nicht mehr lebenswert ist.

Im Schönen offenbart sich für ihn die Göttlichkeit des Menschen, des sich selbst überbietenden Menschen. Als Wert soll die Schönheit – wie alle Werte – über die Macht der Zeit und der Geschichte triumphieren. Hilflos hoffte der Umwerter aller Werte, der sich so verwegen vorkam, auf ewige Werte, die sicher in einem Reich hinter aller vordergründigen Geschichte hausten. Der Wagnerianer Nietzsche hatte vergessen, dass auch Walhalla nur vorübergehend den Göttern Schutz und Schirm gewährte. »Ihrem Ende eilen sie zu«, bemerkte Loge, der Unvornehme, aber gar nicht niedrig Gesinnte, als die Götter lachend zu ihrer Burg aufbrachen. Das Ende, das Wotan alsbald sogar herbeisehnte, fürchtete der Prophet des heroischen Übermenschen Friedrich Nietzsche. An Werten sollten Mensch und Welt wieder genesen. Werte sollten der neue Heiland sein, der den heilt, der ihre Wirksamkeit ahnt, auf sie vertraut und sich mit ihnen aus der Abhängigkeit von der zerstörerischen Geschichte befreit.

Ein verzweifelter Ästhet suchte nach Erlösung. Nicht mehr ein persönlicher Gott ist der Erlöser. Unpersönliche Werte sollen ihn ersetzen. Doch unpersönliche Werte kann es, wie Nietzsche unermüdlich erklärte, nicht geben, wenn sie von Subjekten gemäß ihren Wünschen, ihrem Willen und ihren Vorstellungen postuliert werden. Der erhabene Einzelne soll dennoch, zum Werteschauen nicht geboren, aber durch Übung dazu bestellt, durch sein Beispiel, durch sein Wertbewusstsein, durch seine wertsetzende Autorität andere zur Werterfahrung mitreißen, die werteempfindend zur Wertgewissheit vorstoßen. Die Werte als Ersatz für die Metaphysik heiligen den Einzelnen, der sie erblickend von ihnen ergriffen ist, der ihnen dient und mit seinen Werten, die ihn intuitiv begeisterten, die Werte anderer verdrängt oder ökonomisch, wie Nietzsche redet, umwertet und damit ab- und entwertet. Wer Werte setzt, will deren Geltung durchsetzen. Das Dilemma derer, die seit Nietzsche geistige Wertanlagen empfehlen, ergibt sich daraus, dass der Anlageberater den Zögernden oder Ahnungslosen überreden oder überzeugen muss, auf diese Werte zu setzen und andere aufzugeben. Wertbesitzer und Wertvermittler ergänzen einander, um bei wertzersetzenden Prozessen nichts zu verlieren und damit Werteverlusten auszuweichen. Wertzweifel sind unumgänglich, vor allem während Wertkonflikten, bei denen es nicht immer leicht ist, die Wertgeladenheit der Wertträger oder der Wertpapiere richtig einzuschätzen, zumal in Zeiten unübersichtlichen Wertewandels, der die Wertquellen verstopft, was die Wertewelt mit ihrer Wertordnung durcheinander bringt.

Es gibt so viele Werte wie Standpunkte, von denen aus Dinge bewertet werden. Deswegen bedarf es gründlicher Wertedebatten, um die Grundlagen der Werte zu erkennen und über Werteerziehung einen richtigen Wertebegriff zu gewinnen. Der erlaubt es, wahre Werte zu tradieren, die eine sichere Wertorientierung ermöglichen, gerade wenn Werte im Widerstreit miteinander liegen, weil die Palette der Werte es dem Wertsuchenden nicht immer leicht macht, in Werten Bausteine für ein gelungenes Leben zu finden. Unter solchen Bedingungen ist eine Politik der Werte gefordert, damit eine problemlose Verfügbarkeit der Werte garantiert bleibt, sich in der westlichen Wertegemeinschaft oder im Geltungsbereich des Grundgesetzes als einer Wertordnung stets seiner jeweiligen Handlungsgründe gewiss zu sein. Die Werte, die Friedrich Nietzsche als Besitz der besonders Wertvollen beschrieb, die sich ihnen mit geschärften Wertblick aus Instinkt fühlend annähern, waren und blieben subjektive Vermutungen oder Vorurteile mit der Tendenz, die Wertvorstellungen anderer als wertzersetzend und damit als wertlos zu entwerten. Nietzsche fand es sogar heilsam, dass die großmächtigen Wertsetzer ihre Gegner, die Vertreter minderer Werte, abwerteten und möglichst um ihren Wert in der Öffentlichkeit brachten. Von einer Relativität des Wertblickes mochte er bei sich und seinesgleichen nicht reden, den Wertvollen, die unverletzt von der Banalität und Trivialität bürgerlicher Daseinsgefräßigkeit im Ewigen und Schönen daheim waren. Eine Erziehungsdiktatur im Namen der Werte schreckte ihn nicht.

Er verachtete den Bürger in sich und den anderen. Dennoch blieb er ein Bürger, dem der Markt nicht fremd war, auf den er die Tugend als ausgelaufenes Modell im Kostüm des Lasters schicken wollte. Auf dem Markt herrschen Wertsetzer und Wertbewerter mit ihren subjektiven Neigungen. Nietzsche, der den Ökonomismus überwinden wollte, blieb ihm verhaftet. Der Markt braucht den bewertenden Kunden. Auf dem Markt hat alles seinen Wert. Subjektivität und Wert gehören zusammen. Eine bürgerliche oder antibürgerliche Wertephilosophie kann daran wenig ändern. Sie liefert nur einen schmückenden Überbau für die Beliebigkeit und Willkür der Werte, die je nach Marktlage produziert und angeboten werden, um andere zu verdrängen. Erst im vollendeten Kapitalismus, einer Wertewirtschaft, konnte es eine Konjunktur der Werte und deren Vergeistigung geben.

KAPITEL II

Im Werteomnibus durch die Rechts- und Wirtschaftsordnung

Die Bourgeoisie hat »in den eiskalten Wassern egoistischer Berechnung« alles ertränkt, was dem gemeinschaftlichen Dasein einmal Glanz verliehen und die sozialen Bedingungen des gemeinschaftlichen Zusammenlebens sittlich-ästhetisch rechtfertigt hatte. »Sie hat die persönliche Würde in den Tauschwert aufgelöst und an die Stelle der zahllosen verbrieften und wohl erworbenen Freiheiten die eine gewissenlose Handelsfreiheit gesetzt.« Dieses Urteil von Karl Marx und Friedrich Engels aus dem Kommunistischen Manifest von 1848 konnte keinen Aristokraten überraschen, sofern er noch einer war und nicht schon ein Agrarunternehmer, keinen Bischof oder romantischen Staatsphilosophen und erst recht nicht einen König wie Friedrich Wilhelm III. Diesem Biedermeier mit Krone war das Geld- und Maschinenwesen mit seinen Glücksverheißungen höchst dubios. »Alles will nur Karriere sehen, die Ruhe und Gemütlichkeit leidet aber darunter. Kann mir keine große Seligkeit davon versprechen, ein paar Stunden früher in Berlin und Potsdam zu sein.« Als Arbeiter die Dampfspinnerei von James Cockerill in Aachen 1832 zerstörten, sah der König keinen Grund, ihm den geforderten Schadenersatz zu gewähren. Wäre Cockerill ein armer Mann, ließ er ihm ausrichten, könnte er über dem Gnadenweg eine Gratifikation erlangen. Da er aber in gewohnter Pracht weiterlebe, werde er den erlittenen Schaden zu den unvermeidlichen Widerwärtigkeiten des Lebens rechnen und mit christlicher Ergebung zu tragen wissen. Die Konservativen konnten die für sie ärgerlichen Metamorphosen der Gesellschaft nicht aufhalten. Marx und Engels, die beiden Historiker und Analytiker des umfassenden sozialen Wandels, wehrten sich nicht gegen das Unvermeidliche. Sie waren keine Antikapitalisten. Die Industrialisierung, die Herrschaft des »geldheckenden Geldes« und des von ihm besessenen Bürgers, schätzten sie als notwendiges Durchgangsstadium in der geschichtlichen Entwicklung ein.

Das Geld hing untrennbar mit den Werten zusammen. Der Gebrauchswert, der Mehrwert des Unternehmers und der Tauschwert bei der gesellschaftlichen Beziehung der Verwertung eines Produktes auf dem Markt bestimmten den Preis, die Kosten, die aufzuwendende Geldsumme. Werte ließen sich nur in Geld ausdrücken. Die Waren haben alle eine gemeinsame Wertform, die Geldform. Das Geld war zum Maßstab aller Dinge und Werte geworden. Der Mensch musste als Maßstab aller Dinge zurücktreten. Er konnte es nur noch bleiben, wenn er Geld besaß, viel Geld, mit dem er arbeiten konnte. Reichtum war ein Attribut des Menschen, Wert ein Attribut der Waren, woran Marx erinnerte. Der Kapitalist gab seine Persönlichkeit auf, wie er beobachtete. Er ging im Kapital auf, er wird zu mit Willen und Bewusstsein begabtem Kapital, zu einer Sache und Ware. Denn das Geld als höchster Wert ist, wie alles, was mit ihm in ein Wertverhältnis gebracht wird, selber bewertbare und verwertbare Ware. Den Kapitalisten lockt gar nicht der einzelne Gewinn, ihn reizt die rastlose Bewegung des Gewinnens, die rastlose Vermehrung des Wertes. Er legt keinen Schatz in der Truhe an, um sich vor den Risiken der Geldzirkulation zu schützen wie der vorkapitalistische Geizhals oder bedenkliche *pater familias.* Als »fleischgewordenes« Kapital – in Umkehrung des Fleisch gewordenen Wortes Gottes, das Mensch wurde – verlangt es ihn nach der dauernden Zirkulation des Geldes. Vom unstillbaren Bereicherungstrieb über den ganzen Erdball gejagt, muss er sich als weltweiter Spieler überall einnisten, überall anbauen und überall Verbindungen herstellen.

So wird »die Plusmacherei zum letzten und einzigen Zweck der Menschheit«, was den bürgerlichen Humanisten, der Karl Marx auch war, nicht begeistern konnte. Die Plusmacherei als ununterbrochenes Wachstum, wie es sich aus seiner Warenseele heraus der Ökonom wünscht, dessen Seele erstarrt, sobald die Bewegung stockt, die seine Seele überhaupt wach und lebendig hält. Jean-Jacques Rousseau, den Karl Marx nicht sonderlich ernst nahm, beklagte immer wieder den die Bürger verzehrenden Ehrgeiz, deren Eifer, ihr Vermögen im Vergleich zu anderen zu mehren, was ihnen insgesamt eine finstere Neigung verlieh, sich gegenseitig zu schaden. Auch unter der Maske des Wohlwollens. »Mit einem Wort: Konkurrenz und Rivalität auf der einen Seite, Gegensatz der Interessen auf der anderen und immerzu die versteckte Begierde, seine Gewinne auf Kosten der anderen zu realisieren.« Karl Marx sagte das Gleiche. »Die gesellschaftliche Teilung der Arbeit stellt unabhängige Warenproduzenten einander gegenüber, die keine andere Autorität anerkennen als die der Konkurrenz, den Zwang, den der Druck ihrer wechselseitigen Interessen auf sie ausübt.« Von diesem Krieg aller gegen alle mochten die ökonomisch Wertbewussten freilich gar nichts wissen. Die Hand Gottes, die früher sichtbar aus den Wolken den Menschen verhieß, unter ihrem Schutz zu leben und nicht verzweifeln zu müssen, weil sie alles lenkt und eingreift, wenn allzu viel Unordnung sie belästigt, wurde seit Adam Smith zur unsichtbaren Hand, die eine störungsanfällige Ordnung und vor allem eine in Unordnung geratene wirtschaftliche Wertordnung wieder ins Gleichgewicht bringt. Ihr gnädiges, ge heimnisvolles Walten erlaubt möglichst allen, die guten Willens sind, wieder Zuversicht zu fassen, erleuchtet von der Klarheit des Marktes, die ihnen vorübergehend von marktfeindlichen Übermächten verdunkelt worden war.

Ehre sei dem Markt und dem Glück, das er auf Erden den Menschen seines Wohlgefallens schenkt, den Markt- und Markenbewussten, die auf ihm Erlösungswerte sammeln. Früher Rabattmarken, heute Treueherzen genannt, die das Herz Jesu und seine Treue in Einkaufsparadiesen ersetzen, die damit jedem versichern, nicht allein zu sein und verlassen. Dem die Werte und ihre Geldform bewertenden Kunden wird dort suggeriert: Hier bin ich Mensch, hier kauf ich ein. Französische Ökonomen, die Physiokraten, begannen im 18. Jahrhundert damit den Markt zu sakralisieren, worin ihnen sofort Engländer und Amerikaner folgten. Sie verkündeten die Heilkraft des freien Handels, der die Menschen miteinander verbindet und jeden davon überzeugt, vom anderen so gebraucht zu werden, wie er auf ihn angewiesen ist. Im ständigen Austausch miteinander werden sie zur Menschheit. Die künstlichen Grenzen, von der unsachlichen, leidenschaftlichen Politik gezogen, welche die Völker trennen, werden vom freien Handel überwunden. Alle Menschen werden Brüder, wie in einem Stück Seide unzählige Fäden eine Einheit bilden. Wenn alle Nationen zu einer großen Gemeinschaft zusammenwachsen, dann gibt es keine Kriege mehr, dann verschwindet die Zwietracht. Den einst bei der Geburt Christi verheißenen Frieden auf Erden und das allen gemeinsame Glück der Friedfertigen stiften nun die Geld- und Warenhändler, die im Nutzen des anderen ihren Vorteil erkennen. Die politische Ökonomie, vernünftig und berechenbar, verdrängt die irrationale und unberechenbare Politik. Sie tritt an die Stelle der göttlichen Heilsökonomie, die über die Vermittlung des menschgewordenen Christus die schwachen Menschen erlöst und zu ihrem Heil hinführt. Das moralische Vermögen oder Kapital, das die Seele beim Genuss von äußeren Glücksgütern oder Werten sammelt, ermöglicht das praktisch vorhandene Vermögen, welches diese Genussbefriedigung bewirkt. Das Ziel und der Zweck des menschlichen Daseins ist nicht die Anschauung des *summum bonum* in Gott, sondern die Aufhäufung von Gütern, die dem Menschen nutzen und seine Lusterwartungen stillen.

Wer der Schmied seines Glückes war, spürte die Segnungen des Warenbesitzes und verwertbarer Werte intensiver als derjenige, der im Schoße des Wohlstandes geboren wurde. Die Lustgefühle und die Glückseligkeit machen das Wohl des Menschen aus, das er in seiner Seele empfindet. Praktische Werte verändern sich über das seelische Behagen zu psychischen Beruhigungs- und Friedensmitteln. Wegen christlicher Restbestände kann Jeremy Bentham noch nicht vollständig das Gute als Wert vom *summum bonum* lösen, mit dem enger oder lockerer alle sogenannten Güter zusammenhängen. Wertebesitz und Besitz sittlicher Vollkommenheit rücken im Glücksgenuss zusammen. Wem soll es gut gehen, wenn nicht dem Guten? Damit alle gut werden, muss es eben Ziel und Zweck einer politischen Ökonomie oder politischen Arithmetik sein, die Elemente des Glückes zu berechnen, um das größtmögliche Glück für die größtmögliche Zahl zu erreichen, damit jeder zu seinem Wohlstand finde, der auch als sittlicher gemeint ist. Jeremy Bentham dachte keineswegs an Gleichmacherei, vor der er sich vielmehr fürchtete. Jedem steht nur das Seine zu. Die Reichen zu belasten, um Ärmere besser zu stellen, sorge nur für Unruhe, weil das die unteren Klassen animieren würde, mehr zu begehren als vernünftig und was ihren Leistungen entspräche. Als guter Liberaler sprach er nur vom möglichen Glück, das nur der gewinnt, der nicht auf das Glück wartet, sondern sich strebend um dessen Gaben bemüht und ihrer würdig wird. Selbstverständlich gilt das alles nur für Europäer. Auch wenn von der Menschheit geredet wird, ist diese nur ein Synonym für den weißen Mann in Europa und den beiden Amerika.

Die Werte, vorzugsweise als ökonomische verstanden und behandelt, hingen vollständig vom Subjekt ab. Der Einzelne bestimmt Ziel und Zweck seiner Lusterwartungen. Jedem erscheint etwas anderes als nützlich, glückverheißend und unentbehrlich. Abgesehen von den Mitteln, die er zur Verfügung hat, steht es ganz in seinem Belieben, welchen Preis er für die Güter zahlen möchte, mit denen er sein Glück zu erweitern beabsichtigt. Dies können spanischer Rotwein, Portwein, Lyoner Seide, Augsburger Silbergerät oder Voltaires und Diderots Werke sein, Aktienbeteiligungen oder Investitionen im eigenen Unternehmen. Jeder strebt nach seinem Wohle, von dem allein er eine umfassende Vorstellung haben kann. Der Einzelne ist der kompetente Richter seiner Bedürfnisse und Wünsche. Jeremy Bentham hielt deshalb die Gesellschaft für einen fiktiven Körper, gebildet von Individuen, die sie überhaupt erst durch ihr Zusammenleben ermöglichen. Er bewertete Sachen und Menschen nach ihrer Brauchbarkeit, Nützlichkeit und Verwertbarkeit. Dem liberalen Individualisten Bentham entging es, dass er Menschen den Sachen anglich, sie wie Objekte für den Vorteil anderer einschätzend, nicht nur die Arbeiter, die sich genötigt sahen, ihre Arbeitskraft, und das heißt sich selbst, zu verkaufen für Zwecke, die außerhalb ihrer Selbstbestimmung lagen.

Immanuel Kant hatte hingegen daran festgehalten, dass der gesellige und vernünftige Mensch wertlos ist, erhaben über jeden Preis und über jede Wertschätzung. Zur Freiheit bestimmt, darf er nicht als Mittel für Zwecke anderer gebraucht, was heißt missbraucht werden. Der zur Freiheit berufene Mensch hat sein Ziel in sich. Er besitzt eine Würde und darf deshalb Respekt erwarten. Respekt ist die Anerkennung von Eigenschaften und Vorzügen, die keinen Preis haben. Der Mensch ist unberechenbar und unbezahlbar. Aber er wurde von politischen Ökonomen seit dem späten 18. Jahrhundert zum verwertenden Verbrauch freigegeben. Denn den höchsten Wert der Werte entdeckten sie nicht im Reichtum der Einzelnen, sondern im Reichtum der Werte sammelnden und mit ihnen spekulierenden Nation, um Vorteile im Wettbewerb der Nationalökonomien zu erringen, Exportweltmeister zu werden oder zu bleiben und Märkte zu erobern. Am nationalen Wohlstand konnten die Industriellen, für die Wirtschaftsliberalen die eigentlichen Individuen, weil Freien, ihren Anteil haben, weil sie ihn finanzierten. Die Armut vieler oder der meisten störte sie dabei kaum, da sie nach ihren Fähigkeiten nicht wert waren, anders eingesetzt und verbraucht zu werden, wollte man nicht der Wirtschaft Nachteile im internationalen Wettbewerb zumuten und damit den Staat insgesamt schwächen. Er als Repräsentant des Gemeinwesens, als das »große Individuum«, strebte wie jeder Einzelne nach seinem Wohl und Glück, wie er es auffasste, und konnte genauso wenig wie der Einzelne seine Glückserwartungen reduzieren oder auf sie verzichten, weil er dann sein Glück verfehlte oder wenigstens minderte.

So wurde der Mensch zum Anhängsel einer sich verselbständigenden Ökonomie, deren Interessen der Staat zu seinen eigenen machte. Mehr oder weniger fügten sich vor allem in England alle Institutionen und gesellschaftlichen Kreise der Ökonomisierung sämtlicher Lebensgebiete und Handlungsbereiche, dem numinosen Beweger des Marktes und seiner unsichtbaren Hand, vom immer beweglichen Geld gelenkt. Karl Marx traf durchaus eine Wahrheit, wenn er spottete: »Die englische Hochkirche z. B. verzeiht eher den Angriff auf 38 von ihren 39 Glaubensartikeln als auf

1/39 ihres Einkommens.« Übrigens bestätigte der Jesuit Alfred Delp hundert Jahre später dieses Urteil: »Die Kirche hat ihren Beitrag geleistet zur Entstehung und Entartung des bürgerlichen Menschen. Und der bürgerliche Mensch hat nicht versäumt, sich in der Kirche breit zu machen und die Ideale der menschlichen Schwäche innerhalb des kirchlichen Raums anzusiedeln.« Ihn erschütterte der versicherungsbedürftige und unermüdlich Waren bewertende Verbraucher, »vor dem selbst der Geist Gottes, man möchte sagen, ratlos steht und keinen Eingang findet«. Dabei hatte sich die katholische Kirche lange genug dem Reden über Werte als wirtschaftliche Kategorien verweigert, zumal ihr diese Werte als unsittlich verdächtig waren, weil mit deren Hilfe der Arbeiter um die Freiheit eines Christenmenschen und seine Würde gebracht wurde wie um den Respekt, auf den er einen begründeten Anspruch hatte.

Die Werte gehörten ursprünglich zum bürgerlichen Subjektivismus und Ökonomismus. Beides missfiel Deutschen unter dem Einfluss ihrer idealistischen Philosophen und ihrer Theologen, die in der Reduzierung des Glückes und Wohlstandes auf Verdienst, Sparbuch, gehobenen Verbrauch und Ferienreisen eine Entfremdung des Menschen von sich erblickten, einer Entfremdung, die auch ihre denkenden Dichter – Goethe und Schiller – beschäftigte. »Ewig nur an ein einzelnes kleines Bruchstück des Ganzen gefesselt, bildet sich der Mensch selbst nur als Bruchstück aus, ewig nur das eintönige Geräusch des Rades, das er umtreibt, im Ohre, ... wird er bloß zu einem Abdruck seines Geschäftes.« So schilderte Schiller die zu Funktionselementen entwürdigten Schlachtopfer des Fleißes, die sich selbst und ihrer Arbeit kein Ziel setzen durften, sondern sich ein- oder anpassen mussten in Systeme oder Erwartungen, die nichts mit ihren Lebensvorstellungen und Lebensentwürfen zu tun hatten. Die Regierung und ihre Beamten, daran gewöhnt, sich »die Mannigfaltigkeit seiner Bürger durch Klassifizierung zu erleichtern«, verlieren die Regierten zuletzt ganz aus den Augen, indem sie diese mit einem bloßen Machwerk des Verstandes und dessen schematischen Folgen vermengen. »Und so wird denn allmählich das einzelne konkrete Leben vertilgt, damit das Abstract des Ganzen sein dürftiges Dasein friste.« Schiller kannte noch keine Werte. Er beobachtete nur entsetzt, wie Fabrikideen der »Nutzbarmachung« indessen auch dem »Menschenmaterial« und dem »Humankapital« galten, in dem der Mensch verschwand und als solcher mitten in liquider Biomasse gar nicht mehr »zählte«.

Goethe staunte unter dem Eindruck dieser Entwicklung: »Niemand kennt sich mehr, niemand begreift das Element, worin er schwebt und wirkt, niemand den Stoff, den er bearbeitet. ... Junge Leute werden viel zu früh aufgeregt und dann im Zeitstrudel fortgerissen: Reichtum und Schnelligkeit ist, was die Welt bewundert und wornach jeder strebt; Eisenbahnen, Schnellposten, Dampfschiffe und alle möglichen Fazilitäten der Kommunikation.« Unter solchen Voraussetzungen verspeist man im nächsten Augenblick den vorübergehenden, »vertut den Tag im Tag und lebt so immer aus der Hand in den Mund, ohne irgendetwas vor sich zu bringen.« Die Vergangenheit ist fern und fremd, und die Zukunft, welche die der Aktualität Verpflichteten »gestalten« wollen, ist nur eine Verlängerung der Gegenwart, weil die ihr Verfallenen, die sich keine andere Welt vorstellen können als die vorhandene, ihren Selbstgenuss verlängern möchten. Sogenannte Innovationen ändern gar nichts daran, denn sie sollen nur dem Wunsch genügen, der dem Augenblick gilt: »Verweile doch! du bist so schön!« Immer neue Werte und Waren verfestigen im dauernden Wechsel den Moment zur Ewigkeit, zur Wiederkehr des immer Gleichen, die den wertbewussten Konsumenten beruhigt, nicht aus der Zeit gefallen zu sein, sondern mitten im unruhigen Leben, in der stets aufgeregten Gegenwart seinen Wert zu wahren, also mit sich identisch zu bleiben und allen die Schlagerweisheit zurufen zu können: »Freunde, das Leben ist lebenswert.«

Was das Leben lebenswert macht, ist eine Frage, auf die vor allem Ökonomen eine Antwort geben können. Österreichische Nationalökonomen, vertraut mit dem englischen Utilitarismus und den vor allem aus Weimar und Berlin bekannten Vorbehalten gegenüber der Aufforderung, sich als heiterer Egoist im allgemeinen fröhlichen Egoismus munter zu behaupten, versuchten von Carl Menger über Friedrich von Wieser oder Eugen von Böhm-Bawerk im späten 19. Jahrhundert den Deutschen insgesamt die Angst vor dem Subjektivismus im Kapitalismus zu nehmen. Diese ökonomischen Wertetheoretiker sahen in österreichischer Tradition seit Kaiser Joseph II. in der Verwaltung ein Abbild der gesellschaftlichen und durch lange Erfahrung erprobten Vernunft, der praktischen Weltklugheit. Als aufmerksame Leser Baltasar Graciáns, den Schopenhauer abermals unter Deutschen populär machte, die immer schon zu seinen gründlichsten Lesern gehört hatten, versuchten sie den unerschöpflichen Einzelnen mit den ihn umfassenden Ordnungen zu versöhnen, zu denen auch der Kapitalismus als Werteproduzent gehörte. Der unerschöpfliche Einzelne steckt voller Wünsche und Begehrlichkeiten mitten in einer Umwelt, in der er um Anerkennung wirbt, nicht zuletzt über Waren und Werte, die seinen leeren Seelenraum möblieren und ihm Zufriedenheit verschaffen. Die begehrten Objekte verfügen von sich aus über keinen Wert. Sie werden erst wertvoll durch den, der nach ihnen verlangt und bis an die Grenze seiner Möglichkeiten geht, um sie sich nutzbar zu machen oder sich mit ihnen zu schmücken.

Das Begehren des Menschen, das all seinen Handlungen zugrunde liegt, bleibt immer das Gleiche, ob es sich um materielle Güter handelt oder auf geistige Güter gerichtet ist. Gemäß der in Wien und Österreich sich zur Psychologie umbildenden Neugier auf den Menschen verknüpften diese Ökonomen die raffinierte Seelenkunde mit der Warenwelt und beseelten gleichsam die Objekte der Nachfrage, die als ersehnte und deshalb liebwerte für das Individuum oder die gesamte Gesellschaft bedeutend werden. Wünschen und Begehren sind natürliche Regungen, ohne die der Mensch nicht zu leben vermag. Seine Wertsetzungen und Bewertungen sind Ausdruck seiner Vitalität und natürlichen Regsamkeit. Carl Menger und Friedrich von Wieser betrachteten den Menschen, ähnlich wie Sigmund Freud, nicht als historisch bedingt, als Zeitgenossen einer jeweiligen veränderlichen Epoche, sondern als natürliche Erscheinung. Die antihistorische Tendenz hatten sie von ihren Lehrmeistern Adam Smith, Jeremy Bentham oder Herbert Spencer übernommen. Sie alle glaubten, dass der Mensch von Natur aus mit den anderen im Wettbewerb stehe und auf Austausch angewiesen sei, bei dem er aber auch zu dem Genuss seiner Überlegenheit kommen möchte. Denn von Natur aus strebe der Mensch aus der ursprünglichen Gleichheit hinaus. Er will sich unterscheiden, er will sich selbst verwirklichen und als der Tüchtigere und damit Bessere mit den materiellen Werten eben auch moralische gewinnen, eben moralisches Kapital anhäufen und seine Anerkennung als wertbewusster »Leistungsträger« durchsetzen.

Das moralische Kapital wertbewusster Leistungsträger

Der Freihandel und die Marktwirtschaft wurden darüber enthistorisiert und zu natürlichen Phänomenen stilisiert. Wer sich gegen beides wehrte, erwies sich als unnatürlich und verstieß gegen die Natur und deren wohltätige Regeln.

Obschon die Physiokraten im 18. Jahrhundert verkündeten, freier Handel mache die Menschen miteinander vertrauter, besänftige kriegerische Anlagen und führe zum allgemeinen Frieden in der einen Welt als freiem Marktplatz, sprachen die Engländer, ohne die frühere Ideologie aufzugeben, von Ehrgeiz, Egoismus, Konkurrenz, Kampf und Sieg, in denen der Stärkere sich den minder Begabten oder Leichtsinnigen unterordnet. Wer benachteiligt wird, erfolglos bleibt, verliert oder betrogen wird, der hat selber schuld. Nicht das System hindert ihn daran, immer der Erste und Beste zu sein. Er hat sich nicht genug eingepasst und darf sich nun nicht wundern, beiseite geschoben zu werden. Er hat versagt, weil unfähig, sich im Krieg aller gegen alle phantasievoll zu bewähren. Der Naturzustand ist nicht die fröhliche »Wertegemeinschaft«, in der alle zu gemeinsamem Nutz und Frommen zusammenkommen. Der Naturzustand ist wieder, wie bei Thomas Hobbes, ein dauernder Streit ehrgeiziger, auf ihre Zwecke eifersüchtig wachender Vereinzelter und Ungeselliger, die den anderen nicht als Mensch, sondern als Wolf begegnen. Die Tüchtigen und zugleich Lebenstüchtigen zwingen die Unterlegenen in eine von ihnen gegründete Gesellschaft, in staatlich-wirtschaftliche Ordnungen mit ihren unvermeidlichen Hierarchien von den Kraftvollen über die Mittelmäßigen bis hinab zu den Schwachen, den Lebensuntüchtigen.

Charles Darwin bestätigte mit seiner »Entstehung der Arten durch natürliche Zuchtwahl« den Liberalen die Naturgemäßheit ihres Treibens und ihrer Anschauungen. Friedrich Engels, der antihistorischen Naturalisten mit ihren Seichtigkeiten misstraute, schrieb an Karl Marx: »Die ganze Darwinistische Lehre vom Kampf ums Dasein ist einfach die Übertragung der Hobbesschen Lehre vom *bellum omnium contra omnes* und der bürgerlichen von der Konkurrenz, nebst der Malthusschen Bevölkerungstheorie, aus der Gesellschaft in die belebte Natur. Nachdem man dieses Kunststück fertig gebracht ... so rücküberträgt man dieselben Theorien aus der organischen Natur wieder in die Geschichte und behauptet nun, man habe ihre Gültigkeit als ewige Gesetze der menschlichen Gesellschaft nachgewiesen. Die Kindlichkeit dieser Prozedur springt in die Augen.« Sie sprang vor allem Sozialisten als konsequenten Historisten in die Augen, weil sie Menschen und Gedanken in der Welt als Geschichte entsprechend ihrer Geschichtlichkeit und epochalen Bedingtheit beurteilten. Tatsächlich hatten unhistorische Naturwissenschaftler und Ökonomen Schwierigkeiten damit, im unhistorisch argumentierenden Darwin den typischen Vertreter des freihändlerischen Liberalismus zu erkennen, wie er um 1850 die Mentalität der Briten prägte.

In der Natur geht es beim Überleben des Tüchtigsten im Kampf ums Dasein englisch zu. Freihändlerisch, weil die Konkurrenz entscheidet, korrekt, weil nur, was am wenigsten *shocking* ist, als das Passende überlebt, liberal, denn es herrscht Fortschritt, aber auch zugleich konservativ, da sich der Kampf um den Fortschritt organisch, in langsamen Übergängen und durch Majoritätssiege vollzieht. So resümierte Egon Friedell die Vorbehalte nicht nur deutscher Sozialisten, auch deutscher Wissenschaftler und Historiker, die bis in die 50er-Jahre des 20. Jahrhunderts vorgetragen wurden. Übrigens galten die Vorbehalte nur der Idee – sofern sie eine ist – der natürlichen Zuchtwahl als Motor für die Entstehung der Arten. Über Goethe waren die Deutschen vertraut mit dem natürlichen Werden und Gewordensein, mit dem Zusammenhang aller organischen Wesen untereinander. Goethe aber, der Humanist aus dem 18. Jahrhundert, freute sich an der dauernden Bewegung und Veränderung, den Metamorphosen, weil sie darauf hinweisen, dass Lebenslust aus allen Dingen strömt, aber zugleich dem freundlich-frohen Betrachter versichern, dass alles Drängen und Ringen in einem Kosmos stattfindet, innerhalb einer sinnvollen und schönen Ordnung, die ihren ewigen Ausgleich und ihre Ruhe im Schöpfer findet, in Gott dem Herrn.

Von Kampf, Sieg, Vernichtung und Ausrottung ist bei diesem Menschenfreund und Historiker nicht die Rede. Denn auch der Schwache und Hilflose darf Respekt erwarten. Nichts war Goethes Menschenbild widerwärtiger als die Vorstellung, dass der Kräftigste, Gesündeste und Glücklichste als Ergebnis natürlicher Zuchtwahl die anderen überlebe, überrage und seine Stärke, sich fortpflanzend, auf seine Nachkommen übertrage. Den Menschen mochte er sich nicht als Zuchtbullen vorstellen. »Indem der Mensch auf den Gipfel der Natur gestellt ist, so sieht er sich wieder als eine ganze Natur an, die in sich abermals einen Gipfel hervorzubringen hat. Dazu steigert er sich, indem er sich mit allen Vollkommenheiten und Tugenden durchdringt, Wahl, Ordnung, Harmonie und Bedeutung aufruft und sich endlich bis zur Produktion des Kunstwerks erhebt, das neben seinen übrigen Taten und Werken einen glänzenden Platz einnimmt.« Auch diese Vorstellung ist seiner Zeit verhaftet – als der Mensch und noch nicht das Geld der Maßstab aller Dinge war. Richard Wagner hatte aufmerksam und zustimmend Darwin gelesen. Im Januar 1878, mit dem »Parsifal« beschäftigt, sagte er zu Cosima: »Die Gottheit ist die Natur, der Wille, der Erlösung sucht, und mit Darwin zu reden, die Starken sich aussucht, um diese Erlösung zu vollbringen.« In diesem Sinne deutete er das Altarsakrament vitalistisch um, was seltsamerweise Friedrich Nietzsche nicht auffiel, und ließ seine Gralsritter singen: »Nehmet vom Brod / wandelt es kühn / in Leibes Kraft und Stärke« und »Nehmet vom Wein, / wandelt ihn neu / zu Lebens feurigem Blute«. Den erlösenden Übermenschen, der allzu Menschliches hinter sich lässt, erkannte Christian von Ehrenfels im kaufkräftigen Individuum, dessen wirtschaftlicher Machtstellung die ethische Machtstellung starker Individualitäten, der Starken im Geist entspricht.

Christian von Ehrenfels, Philosoph an der Prager Universität, veröffentlichte 1898 ein »System der Werttheorie«. Er war ein begeisterter Wagnerianer und entschiedener Darwinist. Dieser vielseitig gebildete Mann litt wie so viele Bildungsbürger an der Gleich-Gültigkeit aller Ideen und Überzeugungen. Wie die meisten vom Pluralismus unsicher gemachten Bürger rettete er sich in das Schöne als Metaphysikersatz, in die Musik Beethovens oder Wagners als Erlebnis, das zum Leben ertüchtigt. Weiteren Halt bot die allmächtige Natur, die jeden, der ihre Regeln und Anregung beachtete, dazu ermächtigt, ein Sieger zu sein, der als Wertgeber das sinnlose Dasein mit Bedeutungen erfüllt. Das verlangt danach, mit Lebenskraft aufgeladen zu werden. Deshalb muss jeder, der nicht von anderen beherrscht sein will, seine vitalen Energien trainieren, um sich zur Geltung zu bringen und die Lebensuntüchtigen in die Schranken ihrer Nichtswürdigkeit verweisen zu können. Er versuchte in seiner Wertelehre eine Synthese von Psychologie, Ökonomie und Darwinismus im Namen der Natur und der natürlichen Ausleseprozesse, die den Markt und das gesamte gesellschaftliche Zusammensein bestimmen. Das Wertlose kann sich auf dem Markt nicht behaupten, und wer dort nicht hoch bewertet wird, ist der Vertreter minderer Werte und wird unvermeidlich auf den »Aussterbeetat« gesetzt, weil er seine Chancen falsch einschätzte. Solche untüchtigen Individuen, welche bloß durch die Gunst zufälliger Umstände erhalten werden, verschwenden ein ererbtes Kapital von Lebensfähigkeit, etwa Alkoholiker oder Morphinisten, überhaupt alle, die ein mehr oder weniger abweichendes Verhalten zeigen. Das Leben, die Gesundheit und Stärke werden im Kampf ums Dasein zu Höchstwerten, die ohne Entgelt oder Kosten, wie alle Werte, nicht zu haben sind.

Das ökonomische Modell des Warenaustausches und der Wertekonkurrenz wollte Ehrenfels zu einem System der Ethik ausbauen, in dem die gleichen wertenden Gesetzmäßigkeiten herrschen wie auf dem Markt. Werte sind für ihn keine Ideen, auch keine Eigenschaften, sie sind Produkte von Liebe und Hass, materielle oder geistige Arbeitsprodukte, Kapital im weitesten Sinne. Diese Produkte sind mit der jeweiligen Humanität verknüpft, die sich der einzelne Humanist als Arbeitsprogramm entwirft. Aber jede Marktkraft sucht den Anschluss an andere, die Übereinstimmung mit den vielen, um nicht im Kleinlichen, nur Privaten fröstelnd zu beben und als Auslaufmodell aussortiert zu werden. Wer sich auf dem Markt der Möglichkeiten bewegt und nicht unter Wert gehandelt werden möchte, muss sich von der privatistischen Humanitätsmoral lösen und an die Entwicklungsmoral halten. Diese zielt auf die Verbesserung der menschlichen Konstitution, der Lebensart des Stammes, der Rasse oder der Nation. Die Gesellschaft ist sicherlich die Summe von Individuen, mit eigenem Recht zur Wertgebung. Aber sie ist auch eine biologische Tatsache, weil die Einzelnen zusammenleben und dadurch einander schwächen und wertlos oder stärken und wertvoller machen können. Starke Individuen berücksichtigen deshalb die Erhaltung der eigenen Art, ihrer Rasse und ihrer Eigentümlichkeiten, weil Gleiches sich gerne zu Gleichem gesellt, um nicht kraftlos zu werden, zu entarten und damit an Wert zu verlieren, zu schwach geworden für den Lebenskampf und als Angebot auf dem Markt nicht mehr verlockend.

Christian von Ehrenfels gelang es nicht, die Werte aus ihrem ökonomischen Zusammenhang zu befreien. Im Gegenteil, Ökonomie und Biologie verknüpfte er zu einer Wertegemeinschaft, weil ganz natürlich der Schöne, Starke und

Unüberwindliche über mehr Anziehungskraft und werteschaffende Produktivität verfügt als der Hässliche, der Kranke oder der Lebensmüde, dem die Welt fremd geworden, in der er leben soll. Sie gehört den Gesunden und Unbedenklichen, die das Recht haben, lebensunwertes Leben zu entfernen oder gar nicht erst aufkommen zu lassen. Ehrenfels dachte deshalb, als aufrichtiger Darwinist, an eine neue, freie Sexualordnung und eine Emporzüchtung durch Verbesserung wie Verschönerung der Lebensart. Männern, die sich durch überdurchschnittliche Leistungen auszeichneten und deshalb wahrscheinlich einen überdurchschnittlichen Rassenwert besaßen, sollte ein entsprechend höherer Anteil an der Arterhaltung und Fortpflanzung zugestanden werden. Der »virile Auslesefaktor« müsse endlich sein natürliches Recht erhalten, um das ihn die Monogamie bringe: nämlich als Bester und Wertvollster nicht an die Ehe und die Familie zu denken, sondern an die Art. Der Mann, der Hochbegabte, der Leistungsträger könne Tausende Frauen mühelos im Lebens- und Rassedienst schwängern. Unter den geltenden, jeder natürlichen Zuchtwahl widersprechenden Konventionen produzierten die Elenden, die Enttäuschten, die Feigen und Bequemen untaugliches Menschenmaterial, was der Gesellschaft nur Kosten verursacht, ihr aber keinen Gewinn verheißt.

Nur die Tüchtigen, die Lebensfrohen schaffen Werte. Also weg mit der Ehe und Albernheiten wie Liebe und Treue – der wahrhaft Liebevolle denkt an die Art und erwirbt sich Verdienste, wenn er so viele Frauen wie möglich dahin bringt, sich ihm begeistert hinzugeben, damit Heldengeschlechter einander zujubeln können: So blühe denn, Wälsungenblut. Darin äußert sich das wahre Wertbewusstsein. Tatsächlich ist die Frau in solchen Überlegungen Christian von Ehrenfels' nur ein Objekt zur Wertschöpfung des Wertgebers, das ohne ihn wertlos und unproduktiv bliebe. Als

Fortpflanzungsmaschine wird sie der Produktion von Helden und höheren Lebenswerten eingegliedert, »des Wissens bar, / doch des Wunsches voll«. So dachte sich die Heldenmutter Brünnhilde ihre Zukunft mit den Heldenvater Siegfried. Sie konnte nicht ahnen, dass er vorübergehend unter anderen Einflüssen einem Wertewandel erlag. Christian von Ehrenfels vermutete, dass der Mensch Wertungen nicht in unbegrenzter Zahl und nicht in unbegrenzter Intensität in sich auszubilden vermag. Das bloße Vorhandensein einer Wertung im begehrenden Einzelnen ist schon ein Hindernis für das Entstehen und Anwachsen anderer Wertungen. »Darum besitzt jede Wertung an sich schon die Tendenz, die anderen Wertungen zu verdrängen.« Der Kampf ums Dasein unter den sich vermarktenden Menschen wird zu einem Kampf um das Dasein der Werte, die sie geltend machen wollen.

»Ach diese Nebel, diese Kältlichkeit, / dies Abgefallensein von jeder Dauer«

Es gibt dauernd Wertveränderungen, weil der Bewertende und seine Gefühlsdispositionen sich ändern, wie bei Siegfried, der zuletzt doch wieder in Brünnhilde die unendlich Liebwerte erkannte und damit das höchste Gut. Die Werte versprachen unter solchen Voraussetzungen gerade keine Sicherheit, nach der die Wertesucher sehnlichst verlangten, weil wechselnde Wertsetzer und Wertgeber, Wertveränderer und Wertzerstörer eben mit ihrer Tätigkeit die Wertlosigkeit der Werte veranschaulichten. Viel später dichtete Gottfried Benn: »Ach, diese Nebel, diese Kältlichkeit, / dies Abgefallensein von jeder Dauer, / von Bindung, Glauben, Halten, Innigkeit, / ach Gott – die Götter! Feuchtigkeit und Schauer.« Das Abgefallensein von jeder Dauer sollte durch die Besinnung auf die natürliche Auslese, die Übereinstimmung mit der Natur und den Kampf ums Dasein insofern überwunden werden, als der Einzelne lernt, von sich abzusehen und an die Art mit ihren Forderungen zu denken. Der Einzelne ist vergänglich, aber er überlebt in seinen Nachkommen und in der Artgemeinschaft, die nicht vergeht, es sei denn, die Artgenossen würden ihre Pflichten gegenüber der ihnen übergeordneten Rasse konsequent vernachlässigen.

Christian von Ehrenfels machte die Werte vollständig vom Wertgeber, vom Lust und Wohl begehrenden Verbraucher und Individuum abhängig. Dieses Individuum muss frei sein, um auf dem freien Markt »Wertarbeit« leisten zu können. Ehrenfels weiß, dass es zu dauernden Werteveränderungen in Anbetracht des freien Willens kommt. Die Wertungen stehen in Konkurrenz und bedrängen einander im dauernden Kampf um ihr Dasein, den der bevorzugende oder benachteiligende Wertgeber oder Wertsetzer maßgeblich bestimmt. Denn er kann aufwerten, abwerten, umwerten oder entwerten. Dieser Relativismus und Individualismus soll durch die Verbesserung der biologischen Lebensqualität gebändigt werden. Das Volk und die Rasse, die großen Individuen, handeln wie der Einzelne, sie begehren und wünschen, folgen ihrem Selbsterhaltungstrieb oder Machtgelüsten, um sich im Lebenskampf behaupten zu können. Das Individuum, das nur seine egoistischen Ziele im Auge hat, verhält sich unnatürlich, weil es sich aus dem Ganzen löst und seine Pflichten vernachlässigt, die ihm die Zugehörigkeit zur Volksgemeinschaft auferlegt. Für Ehrenfels ist diese natürliche Gemeinschaft und ihre Freiheit wichtiger und vor allem lebenswichtiger als das Individuum mit seiner Bewegungs- und Urteilsfreiheit. Er bewertet die Rasse höher als den Einzelnen und wertet damit das Individuum im Vergleich zu der es umgreifenden Ordnung mit ihren Lebensrechten ab. Die höhere Wertung verdrängt die dem Wertenden geringer geltende, so dass er diese nur mit Einschränkungen noch geltend macht.

Das verbindet Christian von Ehrenfels mit den sozialdarwinistischen Rassehygienikern, die überall im letzten Jahrzehnt des 19. Jahrhunderts auf sich aufmerksam machten. Ihnen ging es um den Lebenswert und unwertes Leben, um die Eignung für den Daseinskampf oder die Lebensuntüchtigkeit. Der Arzt Wilhelm Schallmeyer hatte 1891 eine Untersuchung über »Vererbung und Auslese im Lebenslauf der Völker« veröffentlicht. Das Buch wurde ein großer Erfolg, die vierte und letzte Auflage erschien 1920. Schallmeyer berief sich zuweilen zustimmend auf die sexualreformerischen Vorschläge Christian von Ehrenfels', um die Rassenqualität zu heben und zu verfeinern. Er wehrte sich gegen einen überspannten Indvidualismus, der jedes Opfer zugunsten der Rasse als Zumutung ablehnt. In der organischen Natur würden hingegen ausnahmslos die individuellen Interessen dem Vorteil des generativen Ganzen untergeordnet, »als sei das Individuum nicht Selbstzweck, sondern habe nur eine Funktion für das generative oder auch soziale Ganze zu erfüllen«. Danach müsse sich die übermächtig gewordene Intelligenz richten, die zu einer unnatürlichen Willkürherrschaft über die Instinkte und die Geschlechtlichkeit geführt habe. Die Umwertung der Werte, die Ehrenfels begonnen, wird bei Schallmeyer und anderen deutschen, akademisch ausgebildeten Eugenikern fortgesetzt. Das Leben des eigenen Volkes ist ihm der letzte und höchste Zweck. Die Lebensfähigkeit der Nation auf Dauer zu sichern, nicht mehr, sondern bessere Volksgenossen hervorzubringen, das Ideal des Rassedienstes – das müsse daher der Wertmaßstab sein.

Solche Folgen eines entfesselten Subjektivismus, der Festigkeit und Halt in einer naturalisierten Lebensvorstellung suchte mit ihren überindividuellen Verpflichtungen, widerstrebte den geistigen, den höheren Menschen, die in der

Kultur die Natur des Menschen erkannten. Die Kultur, der Geist in seinen mannigfachen Manifestationen sollte den Menschen emporführen aus den niedrigen Zonen biologischer oder ökonomischer Bedingungen in das Reich der Freiheit, in dem der Einzelne als sittliche Existenz zu schöner Zwanglosigkeit in überlegener Selbständigkeit findet. Er gelangt dorthin, indem er sich nicht von dem modernen Subjektivismus und seinen verwirrenden Beliebigkeiten verführen lässt. »Der Relativismus ist die Abdankung der Philosophie und ihr Tod. Deswegen kann sie nur weiterleben als die Lehre von den allgemeingültigen Werten ... Sie hat ihr eigenes Feld und ihre eigene Aufgabe an jenen ewigen und an sich gültigen Werten, die den Grundriss aller Kulturfunktionen und das Rückgrat alles besonderen Wertlebens bilden«, wie Wilhelm Windelband, der Heidelberger Philosoph, um die Jahrhundertwende lehrte. Er war sich mit seinem Kollegen Heinrich Rickert darin einig, dass der in jedem Urteil anerkannte Wert, weil zeitlos in seiner Geltung, auch unabhängig von jedem individuellen Bewusstseinsinhalt ist, der als zeitliches Gebilde immer einen Anfang und ein Ende hat. Beide fürchteten die unübersehbare Macht der Geschichte und deren Nachteile fürs Leben, weil sie die Zeitlosigkeit als ein hilfloses Wunschbild verängstigter Bürger entlarvte, die sich nicht mehr zurechtfanden in der sich ändernden Welt.

Windelband und Rickert klammerten sich an das Klassische, Kanonische, Unvergängliche, um mit Hilfe dieser rettenden Planken im Zeitstrudel nicht unterzugehen. Den subjektiven Wertungen stellten sie deshalb den objektiven Wert entgegen, fern von allen Verknüpfungen mit der Banalität der Wirklichkeit, also des Marktes, des Preises, der Kosten und der Waren. Sie und andere Kantianer – wie Rudolf Herrmann Lotze oder Emil Lask – wollten in einer Welt, die vor allem Naturwissenschaftler und biologistische

Sinnstifter mit Naturgesetzen erklärten, auf Ideen hinweisen, die immer gelten, weil sie Ordnung auf ihre Art schaffen. Diese Ideen nannten sie Werte, weil die philosophischen oder christlichen Ideen, Prinzipien und Tugenden längst so historisiert worden waren, dass man sie als zeitverhaftete Erscheinungen nicht mehr beschwören wollte, sobald es darum ging, geistigen Gütern eine Gegenwart und Überzeugungskraft zu verleihen, die den vorherrschenden Zeitgeist des Nützlichkeitsdenkens als rein materiellen Geschäftsgeist in die Nähe der Geistlosigkeit rückten. Diese kultivierten Bildungsbürger, begeistert von der Sehnsucht, zu leben aus dem, was immer gilt, griffen in einer bürgerlich-kapitalistischen Umwelt unvermeidlich auf ökonomische Begriffe zurück, auf das wirtschaftliche Wertbewusstsein, das vom Preiswerten bis zum Kostbaren viele nuancierte Werte kannte.

Was auf dem Markt als kostbar galt und damit am höchsten bewertet wurde, konnte in Analogie dazu vergeistigt, ins Erhabene gesteigert werden zu einem Gut, das ungemein wertvoll, kostbar und eben deshalb ein fast unbezahlbarer Wert war. Wie auf dem Markt alles zur Ware wird, wurde das Wahre, Gute und Schöne zum Wert, gerade in der Absicht, es vor der Kulturindustrie zu schützen. Wie auf dem Markt gab es niedere und höhere Werte, die sich nur dem erschlossen, der sie nicht wertblind falsch einschätzte, sondern Wertqualitäten spürte und sich von ihnen erfassen ließ. Das ging aber nur, sofern der Einzelne, das wertfühlende Subjekt, von dem Max Scheler sprach, sein Denken und Handeln von den Intuitionen leiten ließ, die sein Gemüt, seinen Verstand bei der »Wertschau« erhellten, das Dunkle und Rätselhafte der überindividuellen Werte zu durchleuchten. Unversehens kam doch wieder das einzelne Individuum ins Spiel, das die Werte erlebt, ahnt und fühlt, ja schmeckt, nach denen es sein Denken, Fühlen und Handeln ausrichten soll.

Aber es darf unter dem Eindruck echter Kulturwerte, die es erst einmal von den unechten unterscheiden musste, nicht wähnen, selbst als solches die schöpferische Kraft zu sein, wie Wilhelm Windelband warnte. Die Individuen sind vielmehr nur Wohnstätten und Träger übergreifender Werte, »die doch den Sinn aller Ordnungen ausmachen, auf denen sich unsere kleine Welt des Wissens, Wollens und Gestaltens aufbaut ... der ganze Prozess der menschlichen Kultur, die Stärkung und Ausweitung, welche ihre werthaften Leistungen in der Geschichte erfahren, bestätigt uns immer wieder dies Emporwachsen unseres Lebens in Vernunftzusammenhängen, die mehr bedeuten als wir selbst«. Auf einmal wurde die Geschichte, die Sphäre ununterbrochener Sonderformen, die einander überholen und verdrängen, doch wieder zu einer sinnerfüllten »Erlebniswelt«, zumindest als Kulturgeschichte mit ihren Vernunftzusammenhängen.

Doch das änderte nichts an dem Umstand, dass die Werte nicht bewiesen, nur postuliert werden konnten und, statt absolut für sich zu gelten, auf Individuen angewiesen waren, die an sie glaubten und sie deshalb rigoros geltend machten. »Wir glauben im Leben alle an ein Überindividuelles, das den einzelnen bindet und verpflichtet. In den gültigen Werten haben wir jene ›andere‹ Welt, die schon Platon suchte und die jedem Wandel entzogen ist.« Auf diese Art machte Heinrich Rickert sich und den anderen Mut, auf eine Welt der Ideen oberhalb der Wirklichkeit zu schauen und aus deren Vertrauenswürdigkeit zur Gewissheit über sich und sein Tun mitten in der Wirklichkeit zu kommen. Der Subjektivismus vermittle mit den Wertbewussten zwischen der Welt der Ideen und der Realität. Denn nur der moderne Subjektivismus, der dem Relativismus so nahe verbunden ist, kann das überindividuelle Kulturstreben verstehen, weil die Kultur zwecksetzende, freie Subjekte voraussetze, Kulturwesen als wirkende Subjekte, nicht bewirkte Objekte. Davon war Heinrich Rickert überzeugt. Der Einzelne, der Mensch in der Geschichte, lässt sich aber nur in seinen sozialen Zusammenhängen verstehen, in Ordnungen wie Familie, Staat oder Nation, die als Orte der Pflichterfüllung über dem Einzelnen stehen und ihn sinnvoll in ein Großes und Ganzes einordnen. »Das ›Wir‹ bedeutet als Name für eine soziale Verbindung nicht nur eine beliebige Mehrheit von Individuen in der Weise, dass sie die bloße ›Summe‹ sind, sondern die Mehrheit wird zum sozialen Wir erst dadurch, dass sie eine Ganzheit bildet und im Zusammenhang damit einen Inhalt bekommt, von dem das vereinzelt gedachte Individuum für sich alleine noch nichts zu zeigen braucht.«

Im Gegensatz zur »Lustkrämerei«, wie Windelband die Verbindung der Werte mit dem Streben nach Glück und Wohlbehagen verspottete, fügt sich das werterhellte Individuum in die große Willensgemeinschaft und deren kulturelle Überzeugungen. Dort steht er unter dem Imperativ: »Tue das deine, damit in der Gesellschaft, der du angehörst, ihr gemeinsamer Geist zum Bewusstsein und zur Herrschaft gelange.« Das Subjekt mit seiner den Werten zugewandten Schau tritt, wie Windelband annahm, zurück hinter den mit Wert aufgeladenen historischen Kollektiven Nation und Kultur, die den Freien über seine sinnvolle Bestimmung in der nationalen Kulturgemeinschaft unterrichten. Das Überpersönliche, an historisch vergängliche Institutionen oder Konstruktionen gebunden, wurde aus Angst vor der Unordnung und dem gefürchteten Chaos der Individualisierung und des Subjektivismus objektiven Ordnungen gleichgesetzt, denen die Zeit und Vergänglichkeit nichts anzuhaben vermochte. Galt für Ehrenfels die völkisch-rassische Lebensgemeinschaft als Rettung in der Not der Zeit, so war es für Rickert und Windelband die nationale Kulturgemeinschaft mitten in der auch sie umfassenden europäischen Wertegemeinschaft. Sie ist ein Höchstwert, weil die europäischen Völker darüber bestimmen, auf welche Art ihrer Zivilisation unterlegene Völker überleben dürfen. Denn sie besitzen ja keine gleichwertige Kultur.

Verfügte jede Gesellschaft über einen gleich gültigen, berechtigten Zweck an sich, der ihr Bedeutung verleiht und Respekt erheischt, dann wäre es nicht zu rechtfertigen, sie zu erobern oder zu vernichten. »Und doch sehen wir nicht nur unbedenklich, sondern mit entschiedenem Beifall zu, wenn die europäische Gesellschaft durch die Ausbreitung ihrer Zivilisation, durch unsere Missionen und Eroberungen, durch Feuerwaffen und Feuerwasser, eine nach der anderen von den ›wilden‹ Gesellschaften physisch und geistig ruiniert und mit der Zeit vom Erdboden verdrängt. Wir würden mit dieser Zustimmung lediglich das brutale Recht der Gewalt sanktionieren, wenn wir nicht der Überzeugung wären, dass die siegreiche Gesellschaft den höheren ethischen Wert repräsentiert.« Die Wertbewussten können aggressiv sein und wie die Markt- und Markenbewussten in der Warenwelt andere Werte entwerten oder umwerten, indem sie Subjekte, was nach europäischen Verständnis auch die großen Individuen sind, Völker und Kulturen, ihrer Würde, ihrer Freiheit und Selbstbestimmung berauben und sie wie Objekte behandeln, je nach ihren Verbrauchserwartungen, ob es um Gold, Kupferminen, Energiequellen oder Kaffee geht, gar nicht erst zu reden vom Verschleiß der Indios oder Schwarzen als bloßem Arbeitsmaterial ohne etwa zu berücksichtigenden Humanwert.

Unter solchen Bedingungen erweist sich die Berufung Max Schelers auf das Herz und seine eigene Vernunft, die das Individuum befähigt, sich den Werten zu öffnen und intuitiv, in der Wertehierarchie auf- und absteigend, diese zu erkennen, auch nur als subjektive Konstruktion, die keineswegs einen *ordo amoris* ermöglicht, eine Lebensordnung beseelt von Liebe. Der heilige Augustinus lehrte, dass Gott in das Herz des Menschen sein Gesetz eingeschrieben hat. »Alles ist Dein und ist gut, weil Du, der Gute, es schufst, / Wir aber können nur sündigen, wenn wir die Ordnung verletzen.« Sein Gesetz ist die Liebe, weshalb die Ordnung der Liebe »die kürzeste und wahrste Definition der Tugend« ist. Ordnet in mir die Liebe – das ist die Aufforderung Gottes, weil die Liebe nicht ohne Ordnung auskommt, um sich nicht zu verwirren und Gott zu vernachlässigen oder unzulänglich zu verstehen. Folgt der Mensch dem in sein Herz eingegebenen Gesetz, dann wird alles gut. »Was nicht recht geordnet ist, ist unruhig; recht geordnet, findet es Ruhe. Mein Gewicht ist meine Liebe. Sie ist's, die mich treibt, wohin es mich auch treiben mag. Deine Gabe setzt uns in Brand und treibt uns empor.« Deshalb mochte Max Scheler im Herzen den Sitz der »Wertresonanz« annehmen. Aber Augustinus sprach nicht von Werten, er sprach von Gütern, die mit dem Höchsten Gut, mit Gott verbunden sind, mit einem persönlichen und eben deshalb liebenden Gott.

Die Liebe zwischen Gott und den Menschen spielt sich zwischen Personen ab, die sich anziehen, weil die Liebe aus der Wahrheit kommt. In diesem Sinn munterte Augustinus den Christen auf: »Liebe und tue, was du willst«, liebe richtig, also geordnet, und folge diesem richtigen Willen. Das hat nichts mit Abstraktionen zu tun, wie es die Werte sind. Der Zweifel an einer ewigen, absoluten Wahrheit, aber auch an den platonischen Ideen führte ja erst dazu, in Anlehnung an das materiell und geschmacklich Kostbare und Wertvolle absolute Werte als ein höchstes Gut zu ersinnen, das Gute, das Gut und die Güter mit dem Wert gleichzusetzen. Max Scheler war zum Katholizismus konvertiert, aber er war nie im strengen Sinne ein orthodoxer katholischer Christ. Christliche Restbestände spielten bei ihm aber stets eine erhebliche Rolle. Gerade deshalb zeigte sich bei ihm am klarsten, wie die Wertlehre und Wertsystematik Metaphysik und den christlichen Glauben an eine personifizierte Wahrheit ersetzen wollte. Der Glaube an einen persönlichen Gott erschien in einer sich zunehmend verwissenschaftlichenden Kultur als nicht mehr angemessen, weil unwissenschaftlich. Es gelang aber nie, die unpersönlichen Werte unabhängig von den sie setzenden und zur Geltung bringenden, sie begehrenden und einschätzenden Individuen zu definieren und »ein ideales an sich Sein der Werte« zu beweisen, von dem Nicolai Hartmann in seiner 1925 erschienenen Ethik handelte.

Er sprach wie alle übrigen vom Wertbewusstsein des Einzelnen, in dem sich die Werterkenntnis ereignet, und umschrieb das Wertgefühl im Innersten des Herzens als ein mehr oder weniger dunkles Mitwissen um Werte oder Unwerte, als ein Erfasstwerden von dem Geheimnis der Wertschau beim durchstoßenden Prozess intuitiven Werterblickens. So konnte man auch von den Mysterienkulten im klassischen Athen raunen oder von den Erleuchtungen und Einsichten christlicher Mystiker reden. Der gläubige Christ kann in seiner Glaubensgewissheit sagen: »Ich weiß, dass mein Erlöser lebt.« Wer an die Werte glaubt, sich auf sein »unfehlbares Wertegefühl« verlassen möchte, um eine Wertantwort während der Herausforderungen im Leben und bei den Handlungen zu finden, in denen es geschieht und zu einer Geschichte wird, gelangt wegen der unbestimmten Wertbeschreibungen nie zu einem festen Vertrauen in seine Werte und erreicht nie vollständige Sicherheit. Unvermeidliche Wandlungen des in mannigfache Bezüge verstrickten Wertbewussten verändern dessen Wertblick. Manche Werte werden vom jeweiligen Standort des Wertblickes aus scharf beleuchtet, andere bleiben im Dämmerlicht, wiederum andere geraten in die Dunkelheit und werden vergessen. Bei der Wertmannigfaltigkeit eröffnen sich dem einzelnen Wertblick nur Ausschnitte, trotz des möglichen Reifens seines ständig bemühten Wertorgans.

Außerdem gibt es Wertkonflikte. »Jeder Wert hat – wenn er einmal Macht gewonnen hat über eine Person – die Tendenz, sich zum alleinigen Tyrannen des ganzen menschlichen Ethos aufzuwerfen, und zwar auf Kosten anderer Werte.« Was Ehrenfels als den Kampf der Werte um das Dasein beschrieb, heißt bei Nicolai Hartmann »die Tyrannei der Werte«, die Verdrängung anderer Werte aus dem Wertegefüge. Dessen hierarchische Ordnung ist nie stabil, sie befindet sich immer in Unruhe, weil etwa unter Berufung auf höhere Werte niedere zu minderen Werten abgewertet und als minderwertig vom Markt der Möglichkeiten genommen werden. Anderenteils können lange benachteiligte Werte vermehrte Aufmerksamkeit finden und in die Reihe der höheren und bevorzugten aufsteigen. Nicolai Hartmann mag dafür nicht im Sein der Werte, die wie platonischen Ideen selig in sich selbst schwingen, die Ursache erkennen, sondern in deren Realisierung, die von Fanatismus und anderen heftigen Leidenschaften begleitet sein kann. Die Werte wollen realisiert werden. Aber dazu brauchen sie jemanden, der sie realisiert. Vor dieser Konsequenz scheute Nicolai Hartmann zurück, denn sie hätte seine Wertewelt jenseits der subjektiven Zwecke in Abhängigkeit gebracht von Menschen, Gruppen oder Parteien, die zu ihrem Vorteil und Nutzen Werte geltend machen und deren Geltung durchsetzen oder gar erzwingen.

Hinter jedem Wert verbergen sich Interessenten, die Kampf suchen und Feindschaft wachhalten. Die Werte gelten immer nur für etwas und für jemanden, woran Carl Schmitt eindringlich erinnerte. Das Spezifische des Wertes liegt seiner Ansicht nach darin, dass er statt eines Seins nur eine Geltung hat. Die Setzung muss durchgesetzt werden. »Die Geltung muss fortwährend aktualisiert, das heißt geltend gemacht werden, wenn sie sich nicht in leerem Schein auflösen soll. Wer Wert sagt, will geltend machen und durchsetzen. Tugenden übt man aus; Normen wendet man an; Befehle werden vollzogen, aber die Werte werden gesetzt und durchgesetzt. Wer ihre Geltung behauptet, muss sie geltend machen.« Alle postulierten Werte hängen vom Standpunkt, Gesichtspunkt oder Blickpunkt eines Einzelnen ab, der nie ein Ganzes zu erfassen und zu beurteilen vermag. Diese sollten deshalb nicht – obschon es immer wieder geschieht – mit Ideen, Kategorien, Tugenden oder Prinzipien verwechselt werden. Die Werte stehen in einem Bezugssystem von Subjekt und dem bewerteten Objekt oder einer willkürlich entworfenen Ordnung, die von den niederen über höhere bis zu den höchsten Werten reicht. In dieser Hierarchie der Werte, die je nach den Bedürfnissen Einzelner, ob Gruppen oder Staaten, arrangiert werden kann, haben sie einen bestimmten Stellenwert. Während des nie zu schlichtenden Wettstreits der Wertsetzer offenbart sich das Angriffspotential, das in den geltend gemachten Werten angelegt ist. Werte sind nicht neutral, weil deren Verfechter Partei ergreifen und Vorherrschaft erringen wollen, ein Ehrgeiz, der allerdings mit dem beanspruchten Charakter der Objektivität verbrämt werden soll.

Die Wertsetzer kommen trotz all ihrer Geistesakrobatik nicht aus den ökonomischen Marktgegebenheiten des Abwertens, Verwertens, Aufwertens oder Entwertens durch Produzenten und Konsumenten heraus. Diese dynamischen Bewegungen sind alles andere als harmlos, sie sind verbunden mit verschiedenen Graden aggressiver Intensität. Für den höchsten Wert kann der höchste Preis verlangt werden, der auch von denen entrichtet wird, die für diesen höchsten Wert kämpfen. Der Kampf der Werte um ihr Dasein, mit mannigfachen Nuancierungen unternommen, führte zu einer früher ungeahnten Moralisierung des Marktes, der Politik und der Kriegführung. Moralisierte Auseinandersetzungen gehören stets zu den brutalsten, weil die Gerechtigkeit der eigenen Sache jeden Einsatz rechtfertigt, um sich gegen ungerechte Forderungen eines anderen zu wehren, der nicht weniger von der Gerechtigkeit seiner Ziele und Zwecke überzeugt ist. Dabei ist es dann unvermeidlich, dass Polemiken um Wert und Unwert aufeinanderprallen. Sarastro in Mozart-Schikaneders »Zauberflöte« beschwört in seinen heilgen Hallen die Humanität, die Liebe und die Pflichten, die jeder wohlwollend zum Vorteil des anderen auf sich zu nehmen hat. Im Vollbesitz der Humanität kann er verkünden: »Wen solche Lehren nicht erfreun / Verdienet nicht, ein Mensch zu sein.« Der Menschenfreund entscheidet darüber, ob einer noch Mensch ist oder schon auf dem Weg zum Untermenschen oder Unmenschen, der jeden Respekt verwirkt hat und jeden Schutz vor seiner Aggressivität verliert. Schikaneder und Mozart kannten noch keine Werte, aber sie nahmen vorweg, wozu die Tyrannei der Werte alsbald fähig sein konnte.

KAPITEL III

»So treiben wir unsicher auf den Wogen der Zeit daher«

Hast du etwas, so gib es her und ich zahle, was recht ist, / Bist du etwas, o dann tauschen die Seelen wir aus.« Auf diese Art unterschied Friedrich Schiller Wert und Würde. Werte hatten die Bürger noch und noch gehortet. Viele unter ihnen konnten als Rentiers und Couponschneider, als gut situierte Privatiers oder Particuliers wie Wagners Fafner über seinem Schatz gelagert selbstzufrieden brummen: Ich lieg' und besitz. Sie plagte noch nicht einmal eine unbestimmte Daseinsgefräßigkeit im Kampf ums Dabeisein in Premieren, auf Soireen, Bällen oder in den jeweils modischen Kur- und Badeorten. Wie glückliche Kühe kauten sie ihr Büschel Wohlstand und dankten beim Dämmerschoppen dem lieben Gott und dem Kaiser für die Ruhe und Sicherheit, die sie dem Biedermann verschafften. Aber viele andere, gerade unter den Bildungsbürgern, verachteten diese Spießbürger, die es sich in einer doch unbehaglich werdenden Welt bequem machten, die gar kein Zuhause mehr war, weil baufällig und voller Modergeruch. Die Empfindsamen und Gereizten verlangten nach Licht und Luft in ihren düster-schwülen Treibhäusern. Sie suchten einen Weg ins Freie, hinaus aus den leblosen Konventionen erstarrter Bürgerlichkeit, unzufrieden mit sich und ihrer Umwelt, beunruhigt davon, gar nichts zu sein und gar keine Aussicht zu haben, jemals zu sich selbst zu finden. Sie klagten über die immer spürbarere Kluft zwischen dem Beruf und dem

Leben, zwischen der Arbeit und der Idee freier Menschlichkeit und freier Tätigkeit und der dazu gehörenden Würde. Ihr Wert ließ sich berechnen und steigern zum Preis, das Leben und sich selbst zu verfehlen.

Die Devise »Arbeiten und nicht verzweifeln« führte mitten hinein in die Verzweiflung. Die Nerven wurden von den Erfolgreichen und Unglücklichen entdeckt und mit ihnen die Neurosen. »Raste nie, sonst haste sie, / die Neurasthenie«, hieß es im stets präzisen Jargon genialer Berliner Straßenjungen. Wer an innerer und äußerer Vollbeschäftigung litt, fühlte sich unmittelbar von Isoldes an Tristan gerichteten Weckruf wachgerüttelt: »O eitler Tagesknecht! / Getäuscht von ihm, der dich getäuscht«, vom Tag mit seinem falschen Prangen, in »seines Gleißens / Trug befangen«. Es war gar nicht so erstaunlich, dass nach einem Hauch von Leben lechzende Bürger, durch die mechanische Geschäftigkeit des Alltags ganz von sich abgelenkt, in »Tristan und Isolde« während einiger Stunden erfuhren, was sie entbehrten, um was sie sich brachten: Ganzheit und Lebenstotalität, in der es keinen Gegensatz mehr gibt zwischen dem entfremdenden Tag und der sich und den anderen befreienden Nacht. Das fatale Getrenntsein von Beruf und Berufung, von Funktionstüchtigkeit und Humanität, von Enthusiasmus und Staatsbürgerlichkeit, von Würde und kalkulierbarem Wert, von Ehe und Eros, dazu verdammt zu sein, das eigene Leben zu verfehlen und nie zu einem Selbstgefühl und Selbstbewusstsein zu gelangen, eben zur Freiheit, strapazierte die Nerven vieler Bürger.

Früh gereift, und zart und traurig wurden sie nicht nur melancholisch, sie wurden lebensmüde oder des Lebens überdrüssig, an dem sie keinen Anteil hatten. Wer nicht in seinen Untergang und den seiner Klasse einwilligte und sich damit selbst vernichtete, wollte wenigstens die vernichten, die ihn vernichteten. Er wurde zum Revolutionär oder

Anarchisten, durchaus dem Rat von Novalis entsprechend: »Wer sich selbst fehlt, kann nur dadurch geheilt werden, dass man ihm sich selbst verschreibt.« Das kann über den Umsturz der äußeren Bedingungen geschehen. Aber der Einzelne kann auch den Weg nach Innen einschlagen, den geheimnisvollen, von dem Novalis auch sprach, und im Inneren ein alles umstürzendes Weltgetümmel veranstalten. Die deutsche Innerlichkeit – übrigens nur eine Variation der gesamteuropäischen Verinnerlichung unter einem an der Gegenwart zunehmend zweifelnden Bürgertum – war keine Flucht aus der Wirklichkeit, sondern der trotzige Versuch, sich in ihr zu behaupten, sich selbst zu entdecken und in freundlicher Gemeinschaft mit Gleichgestimmten, edlen Seelen vorzufühlen, um ihnen einen Weg in eine schönere Zukunft zu weisen. »Niemand kann mich zwingen, auf seine Art (wie er sich das Wohlsein anderer Menschen denkt) glücklich zu sein, sondern ein jeder darf seine Glückseligkeit auf dem Wege suchen, welcher ihm selbst gut dünkt, wenn er nur die Freiheit Anderer, einem ähnlichen Zwecke nachzustreben, die mit der Freiheit von jedermann nach einem möglichen allgemeinen Gesetze zusammen bestehen kann, (d. i. diesem Rechte des Anderen) nicht Abbruch thut.« So bestimmte Immanuel Kant die Freiheit, und wenn Bildungsbürger diesem Rat folgten, trafen sie eine eminent politische Entscheidung. Die Definition Kants entsprach vollständig der Freiheit eines Christenmenschen, nicht fremden Zwecken unterworfen und als Objekt verwertet zu werden.

Seine Würde besteht in seiner unverwechselbaren *proprietas,* in seiner Eigenart. Jeder Mensch ist ein anderer, unerschöpflich und unaussprechbar. In der kräftigen Betonung der Eigenwilligkeit, der Selbständigkeit und Unwiederholbarkeit des je eigenen Ich bekundete sich die Absicht, sich nicht erfassen, eingliedern zu lassen, typisiert und zum Menschen renaturalisiert als Vertreter einer biologischen

Gattung einem Kollektiv eingepasst zu werden, etwa der Menschheit. Das Individuum konnte sich nicht damit begnügen, nur ein Mensch zu sein, weil der sittliche und freie, geistgeprägte Mensch nach alter Anschauung den Menschen als Teil der Natur weit übersteigt. Der Mensch ist das einzige Lebewesen, das eine Geschichte hat, die sich im Zusammenleben mit den anderen dramatisch entwickelt. Genau das widersprach den Bemühungen, die Menschen einander anzugleichen und gleichförmig zu machen, als Angehörige einer Gattung, als Arbeitstiere und als Kunden auf dem Markt, der nur funktionieren kann, wenn die Mannigfaltigkeit der Begehrlichkeiten standardisiert wird, Massenware und Luxusprodukte zu ein und der gleichen Wertordnung gehören. Die billigen Nachschöpfungen raffinierter Güter mit ihrem Talmiglanz sollten ja in der Trivialisierung des Schönen jedem Kunden versichern, nicht etwa ausgeschlossen zu sein von Werten, die auch er sehnsüchtig begehrte und schätzte. Der Markt kennt nur berechenbare Kunden mit ihrer Kaufkraft, um sie zufriedenstellen zu können, aber keine unberechenbaren Menschen. Der Markt versteht sich als rational und suggeriert dem Käufer, rational zu handeln, wenn er ein Produkt, einen Wert einem anderen vorzieht. Mode, Werbung, illustrierte Blätter, Theater oder später Filme arbeiteten in diesem Sinn hilfreich dem Markt zu.

Der Mensch, der sich Einflüssen entzieht, die seine Wahl und Auswahl lenken wollen, handelt deshalb irrational und muss umgehend zur Vernunft gebracht werden, um nicht in einer Gesellschaft der Vernünftigen, die sich auf dem Markt treffen und miteinander handeln und verhandeln, an den Rand zu geraten und nicht mehr vermittelbar zu sein. »Dasein ist Pflicht, und wärs ein Augenblick«, rät Faust der Helena. Er empfahl ihr nicht, im Einkaufsparadies Frustrationen abzubauen und ihr Dasein zu erweitern. Er forderte sie auf: »Durchgrüble nicht das einzigste Geschick«, was meinte: Lass die Vergangenheit hinter dir zurück, die sich ohnehin nicht bewältigen lässt, vertrau dem unbekannten, dem neuen Lebensmoment, dem rettenden Augenblick, der befreit aus ehemaligen Verstrickungen. »Der Begriff von Dasein und der Vollkommenheit ist ein und eben derselbe; wenn wir diesen Begriff so weit verfolgen, als es uns möglich ist, so sagen wir, dass wir uns das Unendliche denken«, wie Goethe anderwärts ergänzend ausführte. Im erfüllten Augenblick bricht die Ewigkeit unmittelbar in das Leben und hebt es aus seiner Endlichkeit in das Unendliche. Nichts kann dem Markt ungelegener kommen. Dessen Paradiese verlocken und verführen, weil sie ein Begehren nicht vollständig befrieden und sättigen. Ein Hunger nach Weiterem muss immer bleiben. Vollkommenheit als vollkommen gestillter Hunger würde den Markt und die Wirtschaft vollkommen durcheinanderbringen. Das kann ein kritischer Konsument als sich auf dem Markt tummelnder Bürger nicht vorhaben. Nicht Dasein, sondern Konsum ist Pflicht. Der Aufstieg vom Menschen zum Endverbraucher war das Programm fröhlicher Markttheologen. Sie erhoben den Markt zum Erlöser, Retter und Befreier, zu einer Glaubensmacht, die keinen verlässt, der sich seiner Gnadenmittel beflissen als Marktgerechter versichert.

Viele Bildungsbürger vernahmen diese Botschaft, aber ihnen fehlte der Glaube. Sie waren vielmehr entsetzt, sie fürchteten Amerikanisierung, also zivilisatorische Verflachung, vor der Spanier und Franzosen schon lange die übrigen Europäer warnten. Engländer und US-Amerikaner denken nur an Bequemlichkeit und Komfort; sie wollen mit praktischer Wertschöpfung die ganze schöne Welt mit ihrer öden Zivilisation überziehen und ihr angleichen. Eine Habanera aus Kuba, dem Temperament entsprungen, ist allen Maschinen und Apparaten weit überlegen, wie der Spanier Ángel Ganivet 1897 trotzig verkündete, der Deutschland und die Deutschen gut kannte. Sie kündet von dem beseelten Menschen mit seinem beseelten inneren Reichtum. Der Mensch ist nicht nur Verbraucher oder Verkehrsteilnehmer. Er will zuerst einmal sich selbst vervollkommnen und mit sich die Idee ausdrücken, die er von sich selber hat. Die Spanier begriffen sich 1898 im Krieg gegen die USA, die auf Kuba begehrliche Blicke warfen, wie der heilige Georg: kämpfend gegen den Drachen zivilisatorischer Bequemlichkeit mit Welt durchdringenden Eroberungsgelüsten. In patriotischen Bildern tötete dessen Lanze aber nicht ein Ungeheuer, sondern ein fettes Schwein, ein Sparschwein, das Geld spuckt, weil es keinen anderen Inhalt hat. Der spanische Löwe und das US-amerikanische Schwein standen einander gegenüber, das Hohe und das Niedere, das Schöne und das Hässliche. Seit dem 18. Jahrhundert verkündeten aufgeklärte Europäer – Jean Louis Buffon, William Robertson oder Cornelis de Pauw –, dass in Nordamerika alle Lebewesen degenerieren müssen mit Ausnahme des Schweins. Der deutsche Dichter Nikolaus Lenau, der um 1830 zeitweise in den USA lebte, prägte die suggestive Formel von den vereinten als den verschweinten Staaten von Amerika. Der spanisch-französische Antiamerikanismus – der lateinische Protest der Kultur gegen die bourgeoise Idee des Lebensstandards, für die die meisten sich verwerten lassen mussten, damit eine Minderheit unbeschwert ihr Glück genießen konnte, sofern diese zum Genuss überhaupt noch fähig war.

Alexis de Tocqueville bemerkte die Trauer der Amerikaner, die sie meist überschattet. Sie streben fieberhaft nach Wohlstand und noch größerem Reichtum, immer von der Furcht geplagt, sie hätten nicht den kürzesten Weg dahin gewählt. »Wessen Herz allein von der Jagd nach Gütern dieser Welt besessen ist, der wird es immer eilig haben«, ohne Zeit zu finden zum Genuss, weil es ja immer noch Glückseligkeiten gibt, die ihm vorerst unerreichbar waren. »Endlich kommt der Tod und gebietet ihm Halt, bevor er dieses nutzlosen Jagens nach einer ständig fliehenden Glückseligkeit müde geworden ist.« Dieser Typus des Amerikaners war aber mittlerweile auch in Europa eine ganz normale Erscheinung geworden. Diese ruhelosen Neureichen, die fanden, genug sei nicht genug, ahmten gar nicht den sogenannten Amerikaner nach, sie entsprachen nur dem Typus des Kapitalisten, der sich am reinsten in den USA ausgebildet hatte, weil es dort die wenigsten Gründe gab, wegen Geschmacksfragen ein schlechtes Gewissen zu haben. Der europäische und deutsche Antiamerikanismus war von vornherein ein Antikapitalismus, den sich die um ihre Werte als Wertpapiere und deren Sicherung besorgten Bürger nicht offen eingestehen konnten. Denn Karl Marx beurteilte die spezifische bürgerliche Gesellschaft allein als Reflex der formellen rechtlichen Gleichheit und Freiheit im Zirkulationsprozess. Die Sphäre des Warenaustausches, in der sich der Kauf und Verkauf der Arbeitskraft bewegt, fasste er wie ein wahres Eden der Menschenrechte auf.

»Was alles hier herrscht, ist Freiheit, Gleichheit, Eigentum und Bentham«, spottete er im »Kapital«. »Freiheit! Denn Käufer und Verkäufer einer Ware, z. B. der Arbeitskraft, sind nur durch ihren freien Willen bestimmt. Sie kontrahieren als freie, rechtlich ebenbürtige Personen. Der Kontrakt ist das Endresultat, worin sich ihre Willen einen gemeinsamen Rechtsausdruck geben. Gleichheit! Denn sie beziehen sich nur als Warenbesitzer aufeinander und tauschen Äquivalent für Äquivalent. Eigentum! Denn jeder verfügt nur über das Seine. Bentham! Denn jedem von beiden ist es nur um sich zu tun. Die einzige Macht, die sie zusammen und in ein Verhältnis bringt, ist die ihres Eigennutzes, … ihrer Privatinteressen.« Freiheit und Gleichheit im modernen, bürgerlichen Verständnis galten ihm als Produkte der bürgerlichen Marktwirtschaft, »der Austausch von Tauschwerten ist die produktive, reale Basis aller Gleichheit und Freiheit. Als reine Ideen sind sie bloß ideale Ausdrücke desselben; als entwickelt in juristischen, politischen, sozialen Beziehungen sind sie nur diese Basis in reiner anderer Potenz.«

Ein solches Urteil wirkte auf Bildungsbürger und Kulturmenschen allzu materialistisch und vor allem allzu historisch begründet. Sie zogen es vor, die Widersprüche ihrer Epoche zu beklagen, die soziale Zerrissenheit in Klassen, welche die soziale Frage aufwarf, die Spezialisierung, welche die Einheit der Wissenschaften auflöste und ihre Verbindung zu den Künsten unterbrach, die Ökonomisierung aller Lebensbereiche, die Überschätzung der Realien und den fatalen Hang zum Materialismus. Sie vermissten Gott, trauerten um den verlorenen Idealismus und suchten im Schönen, in der Ästhetisierung von Kunst und Leben, in deren Verschmelzung einen Ersatz für die Lebenstotalität, die sie entbehrten und nach der sie verlangten. Die ratlos und ruhelos gewordenen Bürger dürsteten nach Synthesen, um der systematischen, wissenschaftlich gebildeten Barbarei der Fachmenschen zu entrinnen. Nicht zum Gelehrten zu erziehen sollte das Ziel der Bildung sein, wie Goethe einst forderte, sondern Menschen im vollen Sinn zu Menschen zu veredeln und zu humanisieren, damit der Mensch tatsächlich dem Menschen als Mensch begegne und nicht als Wolf wie im Urzustand oder dem ihm ähnlichen Markt. Das ließ sich nur durch eine überlegene geistige Kraft erreichen. Doch diese fehlte, deshalb kam es zu all den Missständen, zu der Zerstreutheit des Daseins, bemerkte der bürgerliche Philosoph Rudolf Eucken. »Keine festen Ziele beherrschen das Streben, keine einfachen Ideen entwinden sich dem Chaos und befreien von seinen Wirren und Zweifeln. Vielmehr bewältigen uns die unmittelbaren Eindrücke und zerreiben das Leben unter ihren Widersprüchen. So treiben wir unsicher auf den Wogen der Zeit einher, wehrlos gegen alles, was uns mit starkem Bewusstsein und kecker Behauptung naht, wehrlos auch gegen die eigenen Einfälle und Leidenschaften, ein Spiel von wechselnden Lagen und Launen.« So beschrieb er die Signatur seiner Zeit, überall nur Eigennutz und Privatinteressen, wie Karl Marx drastisch formuliert hatte, unvermeidlich beim vorherrschenden Individualismus.

Bürgerliche Ästheten konnten sich wie die letzten Römer Verlaines im Reich am Ende seines mählichen Verfalls darauf beschränken, noch einmal ein Akrostichon zu dichten, während am Horizont die weißen Barbaren auftauchten und Gerüchte umliefen von Waffenlärm in fernen Tälern. Alles ist gesagt, alles verzehrt und ausgetrunken, zurück bleibt nur ein Überdruss, von dem man allerdings nicht weiß, warum er einen betrübt und bedrückt. So viel von Dekadenz geredet wurde, der Bürger mochte sich dennoch nicht in sie als sein gewisses Schicksal fügen. Dass das Leben nur noch ästhetisch zu rechtfertigen sei, wie Friedrich Nietzsche annahm, überzeugte nicht vollständig, da die Individualisierung und die Reduzierung auf das Private eben die Unruhen weckte, die viele plagten und in Zwist mit ihrer Umwelt brachten. Noch verfügten Bürger über erhebliche Energien und hofften auf ein Wachstum von innen heraus, das mit dem Blick aufs Ganze dem äußeren Wachstum von Industrie und Handel, die Welt umspannend und vereinheitlichend, einen Sinn verleihen und dessen Dynamik einer sittlich begründeten Ordnung dienstbar machen könne.

Das hieß aber zuerst einmal, nicht vor der Geschichte zu kapitulieren und Entwicklungen als »zwangsläufig« zu erachten, zu denen es keine Alternative gäbe. Der Historismus als vorherrschende geistige Tendenz zerstöre alle Philosophie und Weltanschauung. Er sei die modernste, verbreitetste und gefährlichste Form des Relativismus. In immer neuen Variationen wurde Nietzsches Überdruss an der Geschichte vorgetragen. Er forderte, die Geschichte zum Zwecke des Lebens zu treiben, denn leben müssen wir um jeden Preis, statt uns in Moderduft zu hüllen und die vitalen Energien, die Lebenslust, durch eine richtige Alt- und Allbegier herabzustimmen. Diese Entartung, zuletzt mit Lust selbst den Staub archivalischer Quisquilien zu schlucken, bewahre höchstens das Leben, verstehe aber nicht zu zeugen. »So lähmt sie den Handelnden, der immer als Handelnder etwelche Pietäten verletzen wird und muss.« Der Lebende hat recht; »er muss die Kraft haben und von Zeit zu Zeit anwenden, eine Vergangenheit zu zerbrechen und aufzulösen, um leben zu können.« Das bezweckte Nietzsche mit der Umwertung aller Werte. Doch diese Forderung wirkte auf die zeitverdrossenen Bürger zu radikal. Sie wollten doch aus der Geschichte zeitlose Wahrheiten als Werte gewinnen und sie dem offenkundigen Relativismus als immer und überall wertvolle entgegenhalten, um mit diesen wieder festen Boden unter den Füßen zu gewinnen und sich zu vergewissern, dass die Zeitstürme einem nicht den Hut vom Kopfe rissen.

Das hieß, gleichsam Großputz zu machen, sich von abgelebten, verbrauchten und wertlos gewordenen Ausstattungsstücken zu trennen, damit Platz geschaffen würde für die wahren Werte, die den Lebensgeistern neuen Schwung verliehen und den von ihnen bewegten Handelnden Zuversicht gaben, zu neuen Ufern aufbrechen zu müssen und sie wohlgemut zu erreichen. Es war gar nicht so sehr die Last der vielen Vergangenheiten, die man abschütteln wollte, sondern erst einmal eine verworrene Gegenwart, die bedrückte und die Gemüter beschwerte. Ein Chaos durcheinander wirbelnder Meinungen sah Wilhelm Windelband, eine Auflösung heiligster Überzeugungen, und der Übermut missverstandener Halbbildung stehe einer geistigen Erneuerung und Wertschöpfung entgegen. Er litt unter der Zerrissenheit, dem Dilettantismus und Halbwissen, dem jeder Kulturzusammenhang fehle, und feierte Hölderlin, den Dichter des Erhabenen, vertraut mit den Göttern und dem Göttlichen. Die unverständige Masse, früher im Hintergrund der Bühne, drang zu seinem Entsetzen als Protagonist an die Rampe vor. Unvermeidlich treibe alles zum Parlamentarismus, der Staatsform des Dilettantismus. Der Staatsform, »vermöge derer jeder beliebige Sophist und Schreihals, mit dem Mandat einer unverständigen Masse in der Tasche, weil Gott ja einmal mit dem Amt auch den Verstand gab, sich dazu berufen glaubt, über alles, was die Interessen des öffentlichen Lebens angeht, sein verantwortungsloses Urteil *ex officio* abzugeben, und nicht nur das Recht, sondern auch die Pflicht fühlt, sich über die Tätigkeit des erfahrungsreichen Fachmannes, des gewissenhaften Beamten, des genialen Staatsmannes zum Richter aufzuwerfen«. Windelband, der Kulturmensch, argumentiert gereizt wie ein akademisches Mitglied der arbeitsteiligen bürgerlichen Welt, in der Fleiß, Leistung und Anerkennung zur Mitbestimmung berechtigen.

Willensgemeinschaft und Wertegemeinschaft in der Volksgemeinschaft

Gerade die Einschränkung des Menschen auf den Fachmann, den geistigen Facharbeiter empörte doch viele, die herausbegehrten aus ihrer verwalteten Welt und sich befreien wollten von der sie regierenden Meritokratie mit ihrem Wertedenken. Die Jungen, die Hölderlin vor dem Ersten Weltkrieg entdeckten, riefen einander zu: »So komm! Dass wir das Offene schauen, / dass ein Eigenes wir suchen, so weit es auch ist / … immer bestehet ein Mass, / Allen gemein, doch jeglichem auch ist eignes beschieden.« Den neuen Jüngern Hölderlins genügte nicht mehr der Individualismus und Liberalismus der Bürger. Sie hofften ihr Eigenes in Übereinstimmung mit dem Allgemeinen zu entwickeln, mit einem Volk, das nicht weiter in Klassen aufgespalten zur Vorstellung von einem gemeinsamen Willen gelangte, den eine Nation als täglich sich zu bewährende Willensgemeinschaft braucht. Eine solche Volksgemeinschaft unbürgerlicher Art, weil das gesamte Volk umfassend, ist auf Führer angewiesen aus allen Kreisen und Schichten, und nicht allein auf Laufbahnstrategen, die mit der Erinnerung an ihre Erfahrung und Kenntnisse freie Temperamente daran hinderten, sich zu entfalten und die Alltäglichkeit mit der stets überraschenden, die Routine und den Dienstweg durchbrechenden Freiheit durchaus aufzuschrecken. Darauf hofften die Jungen. Wilhelm Windelband und die meisten Bildungsbürger kamen aus der Welt von Gestern. Sie fürchteten mit Franz Grillparzer, dass aus eignem Schoß sich losreißen werde der Barbar, der alles, was ehrwürdig – den Staat, die Kunst, die Wissenschaft, die Kirche – herabstürze zur Oberfläche eigener Gemeinheit, »bis alles gleich, weil alles niedrig«. Jacob Burckhardt bestärkte sie mit der Schilderung der attischen Massendemokratie hysterisch-unberechenbarer Demagogen in ihrer Furcht vor dem Aufstand der Massen, wie es später hieß.

Philosophen wie Wilhelm Windelband oder Heinrich Rickert, Pädagogen wie Eduard Spranger oder Theodor Litt, alles bürgerliche Kulturmenschen, suchten in ihrer Angst vor der drohenden Wert- und Kulturlosigkeit Schutz und Schirm beim Staat. Als Kulturstaat, der um der Kultur willen eingerichtet worden sei und in dem sich deshalb die erhellende, die Zeiten durchdringende Vernunft veranschauliche, gewährt er dem Individuum Sicherheit und ermöglicht ihm in seiner Rechtsordnung freie Selbstentfaltung, ohne den anderen zu schaden. Rechtspflichten und Kulturaufgaben verschmolzen für sie miteinander, weil der Mensch sich in der Kultur vollende, deren Hüter das Recht sei, als Hüter der gesamten Verfassung eines Staates und Volkes. Das Recht wurde darüber zum Rechtswert überhöht, der einer nationalen Kultur Werthaltigkeit verleihe und sie vor Wertverwahrlosung bewahre. Der Untergang des alten Rom – unvergessen in Europa – erinnerte allerdings eindringlich an die Vergänglichkeit auch hoher Kulturen mit einem vorbildlich ausgebildeten Recht und den dazu gehörenden Institutionen. Rom ist nicht an einem Wertewandel zugrunde gegangen, schon allein weil es keine Werte kannte. Die *virtus romana* lebte mühelos fort in der *virtus christiana,* in ihren öffentlichen wie privaten Formen.

Ein werterfülltes Handeln sollte an Stelle der altmodisch gewordenen Tugenden, »die Kultur« (mit vergoldetem K geschrieben) und die emsigen »Kulturträger«, die deren Werte als Lasten schulterten, vor Verfall und erniedrigender Behandlung bewahren. Ungeachtet aller Erfahrung und des mahnenden Beispiels vom Untergang Roms klammerten sich verängstigte Bildungsbürger an sogenannte Werte, an das Wünschbare; die Kultur, immer der Zeit verhaftet, überwinde alle Zeiten und sei ein Bild der Ewigkeit, weil sich in ihr Werte manifestieren, Kostbarkeiten und Schätze, die unschätzbar seien. Aber auch das Unschätzbare war erst einmal geschätzt worden, sonst wäre man ja nie zu dem Ergebnis gekommen, dass es einzigartig sei und damit ein Wert über allen Werten. Als Höchstwert entrückten die Kulturphilosophen das ihnen so teure »Reich des Geistes«, unberührt von seinen schwankenden, je anderen sozialen Voraussetzungen, als Reich der ewigen Werte entschieden der Wirklichkeit, obschon sie es doch mit dem zur Nation gewordenen Staat und seinen Institutionen eng verbunden wissen wollten. »Der gebildete Mensch« sollte im Kulturstaat gleichsam zu sich selbst finden, hingewiesen auf überpersönliche Herausforderungen, in denen jeder erst seine Urteilsfähigkeit und sittliche Autonomie bewähren und sich im Zeitlichen als Kulturträger verewigen konnte. Wie Hegel es lehrte, gelangt der Mensch im Staat als einer Sphäre der Sittlichkeit zu seiner Freiheit und seiner Bestimmung, in sich als konkreter Mensch die Idee allgemeiner Menschlichkeit zu verwirklichen. Das hieß nun, wertintensiv zu leben, von den Werten erfasst, bebend und entschlossen, ihren Auflagen zu folgen. Der Staat war mittlerweile zur Nation geworden, zur verfassten Volksgemeinschaft. Je mehr »Volksgenossen« von ihrem Wertestandpunkt in die Nation und die sie umgebende weite Welt blickten, desto aufgeregter wurde über die Werthaltungen diskutiert. Denn die eine und unteilbare Nation konnte ja nicht als Überwindung individueller Vereinzelung und Beliebigkeit eine bunte Mischung einander widerstrebender Wertsetzungen oder Wertermöglichungen sein.

Die Nation, das Ganze, die Gemeinschaft wurden doch als Höchstwert beschworen, um einen entfesselten Individualismus einzuhegen und sozialpflichtig zu machen im Dienst für die Kulturgemeinschaft. Die Nation als Höchstwert besaß eine politisch-juristische Form, deren Inhalt die Kultur war. Die Wissenschaften, weil der einen Wahrheit ergeben, sind international, wie immer wieder beteuert wurde. Deshalb waren die Wissenschaftler darauf angewiesen, mehrere Sprachen zu beherrschen, um ihr Weltbild zu erweitern, weil sich in jeder Sprache Nuancen der allgemeinen Weltvernunft des Weltverstehens äußerten. Die Kultur und die Sprache, die es mit dem Besonderen zu tun haben, hängen hingegen mit den jeweils voneinander unterschiedenen, eigenwilligen Völkern zusammen und deren Traditionen, die in den Nationalkulturen eine plastische Gestalt annehmen, entsprechend dem Volksgeist, dem *génie national*, der *his-*

panidad oder der *italianità*. Sie können im wechselseitigen Austausch, wie gerade unter den Europäern, zur Vorstellung einer alle übergreifenden gesamten europäischen Kultur kommen, die aber auf die individuell-nationalen Temperamente angewiesen bleibt, will sie nicht ihre Spontaneität einbüßen und zum bloßen Kulturbetrieb verflachen. Nur wer teilhat und teilnimmt an der Kultur, gehört zur Nation, die deshalb zum Höchstwert erhoben werden darf, weil sie für die meisten Kulturbürger eine geistgeprägte, wertbeladene und nicht vom Blut und anderen biologischen Erbmassen abhängige Gemeinschaft ist.

Das deutsche Gemeinschaftsdenken, das die Auswüchse des Egoismus, der Selbstverwirklichung und seelischer Selbstbeschäftigung seit der Jahrhundertwende überwinden wollte, empfing von der Gruppe die meisten Anregungen, die Werte und Gemeinschaftswerte nur für einen Trick hielten, nämlich um die Vorherrschaft der kapitalistischen Bourgeoisie und ihrer Wirtschaftsformen zu legitimieren. In Deutschland, sehr spät industrialisiert, hatten selbst die Liberalen um 1890 schon kein vollständig gutes Gewissen mehr, die zusammen mit dem Staat die kapitalistische Wirtschaft durchgesetzt hatten. Friedrich Naumann strebte danach, die liberale Nation und den antiliberalen Sozialismus zu versöhnen. Früher warben schon die Kathedersozialisten um Verständnis für die Forderungen der SPD, die katholische Soziallehre wie der Evangelisch-soziale Kongress wiesen die Christen und ihre Gemeinden auf ihre sozialen Verpflichtungen hin. Die Deutschen und die zu ihnen gehörenden Sozialdemokraten pflegten erhebliche Vorbehalte gegenüber dem real existierenden Parteien- und Verbändestaat, enttäuscht vom Parlamentarismus und der Demokratisierung, wie übrigens auch Franzosen. Nur linksliberale Bürger waren noch bereit und dazu im Stande, beides unverdrossen in reiner, der Zeit entrückter Wertschau als

Wertrealisierung fortschreitender Sittlichkeit zu begreifen. Deutsche Linksliberale als eindeutige Marktwirtschaftler glaubten an Werte, weil sie mit Werten rechneten. Die übrigen Kulturbürger um 1900 waren auf stärkere oder lockere Weise schon von sozialistischen Ideen berührt. Der Sozialismus wurde zu einer deutschen Idee, die viele, gerade die unruhigen Geister in ihren Bann zog, nicht zuletzt weil das strenge System doch manche Auflockerung oder bessere Interpretation erfuhr. Der Vorzug des Sozialismus oder der Sozialismen bestand darin, mitten in die Wirklichkeit hinein zu führen, von der die Wertsetzer rosen- und trümmerschwer ablenkten, die Blicke auf wolkige Höhen gerichtet, wo sie ihre Abstraktionen, die Werte, wie die Lichtalben wohnend wähnten.

Der Sozialismus verband die ehedem unpraktischen Deutschen unmittelbar mit der Umwelt, indem er sie nötigte, sich umzusehen und nicht weiter in der eigenen Brust ihres Glückes Stern zu vermuten. Der Sozialismus in seinen verschiedenen Abstufungen oder Abschwächungen stimmte die Deutschen gesellig und kam ihrem Bedürfnis nach Ganzheit und Gemeinschaft gelegen. Das letzte Ziel des Sozialismus war der freie, nicht mehr sich selbst entfremdete Mensch. Aber nur wenn alle frei sind, kann der Freie in der Gemeinschaft mit anderen Freien sein Leben genießen, dann vermag der Freude schöner Götterfunke all alle zu beseligen. Der deutsche Sozialismus als eine deutsche Philosophie war wertfrei und wertlos. Er wahrte den Zusammenhang mit dem kulturellen Erbe, mit der Weimarer und Wiener Klassik, der Berliner idealistischen Philosophie und dem Berliner Historismus. Insofern ließ er sich von besorgten Kulturbürgern mühelos mit den von ihnen gehüteten Werten vereinbaren. Im Sozialismus würdigten sie, trotz des historischen Materialismus, den Marx freilich Realismus nannte, die entschiedene Opposition gegen britischen Krämergeist, gegen eine rein wirtschaftliche Gesinnung, immer nur nach Gewinnmaximierung zu streben und alles nach seinen Verwertungsmöglichkeiten zu beurteilen. Die kulturellen Wertgläubigen verwarfen empört den Schacher um Werte, ohne je die eigene Wertbesessenheit in einem sich weit verzweigenden Markt zu bedenken, auf dem alles zum Wert wurde und der bedenkenlos ausschied, was sich nicht verwerten und verbrauchen ließ.

Im Ersten Weltkrieg sahen alle möglichen Philosophen, Soziologen oder Historiker – von Alfred Weber, Werner Sombart, Friedrich Meinecke bis zu Max Scheler – vor allem den Kampf gegen den Kapitalismus und den Egoismus der besitzenden Klassen in England und Frankreich, die es für demokratisch hielten, möglichst ungehindert als Plutokratie ihren Geschäften nachgehen zu können. Der ungemeine Enthusiasmus vor allem unter den deutschen Intellektuellen entsprang der begeisterten Hoffnung, »dem widerlichen Geschäftsinstinkt der Anglo-Amerikaner Paroli bieten« zu können. »Wieder hat einmal die Zeit unserer Weltmission geschlagen, wie schon einmal zur Zeit Luthers – und wir werden uns diesmal an der Neugeburt der Welt zu Wahrhaftigkeit und Mut nicht verbluten, sondern um eine Weltenwende kämpfen, in der wir führen werden«, rief Alfred Weber aus. Jetzt gehe es darum, das illegitime liberal-kapitalistische Prinzip durch das legitime sozialistische zu widerlegen, verkündete der Soziologe Johannes Plenge, von dem Kurt Schumacher promoviert worden war. Die Zahl der deutschen Siege werde erst durch den Sieg der Ideen von 1914 vollständig werden, durch die Niederlage des Kapitalismus und der zu ihm gehörenden Herrschaft der Wenigen über eine ausgenutzte und um ihr Leben von ihnen betrogene Mehrheit. Die Deutschen waren sich bewussst, gegen zwei Despotien zu kämpfen, die russisch-autokratische und die britische Tyrannei der Werte, also die kapitalistische Despotie. In diesem Sinne konnten sie sich, wie der späte Engels schon 1891 angedeutet hatte, nur als Befreier verstehen. In ihrer sozialen Monarchie war der Ausgleich der Klassen das politische Ziel, wie sie sich und den anderen immer wieder sagen ließen, während in England oder Frankreich, in den Demokratien immer nur Schichten und Gruppen aus Parteien ans Ruder kommen, »die dann als Drahtzieher der herrschenden Partei eine wunderbare Gelegenheit erhalten, den Staat für sich auszubeuten«.

So sprach kein törichter Nationalist, so äußerte sich der ehedem liberale Friedrich Meinecke, der den Liberalismus als bürgerliche Ideologie für überholt und längst historisch geworden einschätzte. Auch der sozialdemokratische Abgeordnete Paul Lensch erkannte die demokratischen Mächte als rückständig, weil unvertraut mit der Idee des sozialen Ausgleiches und der gesellschaftlichen Gerechtigkeit. Die Deutschen glaubten, dass es noch eine Alternative zu den kapitalistischen Werten geben müsse, wie auch die Russen, was beide, ungeachtet der kriegerischen Verwicklungen aufgrund von Bündniszwängen, einander gar nicht entfremdete. Außerdem vermittelte der Krieg unter dem Eindruck der kaiserlichen Worte, nur noch Deutsche und keine Parteien mehr zu kennen, das rauschhafte Erlebnis der Volksgemeinschaft. Der Krieg als Volkskrieg schien alle Rätsel, die seit Jahren die Bürger plagten, mit einem Schlag gelöst zu haben: das Einswerden mit der Gemeinschaft, gesteigerte Lebensintensität, die vergessen ließ, dauernd als Brillenträger vereinzelt gewesen zu sein, abgetrennt von der Wirklichkeit großer Leidenschaften. Der Philosoph Georg Simmel staunte ergriffen: »Alle Umstände, in denen wir uns sonst bewegten, haben etwas Relatives, Abwägungen des Mehr oder Weniger entscheiden in ihnen … All solches kommt jetzt nicht mehr in Frage … Unwiderleglich ist nur das Unbeweisbare – unser Wille zu Deutschland, der sich über alle Deduktionen stellt.« Dieser Wille zu Deutschland war für Simmel jetzt ein Wille zur Macht im Sinne Nietzsches, den das gesamte opferbereite Volk erfasst: alles Niedere zu überwinden, einer Idee von sich zu dienen, über das allzu Menschliche hinaus zu wachsen.

Die große Idee oder der Höchstwert war nun die Nation als Volksgemeinschaft, als einig Volk von Brüdern, die ein gemeinsamer Enthusiasmus zusammenhält. Den Pluralismus sollte eine Wertegemeinschaft überwinden, die sich während des »Burgfriedens« im Krieg, während des vereinbarten Verzichtes, Parteiinteressen wahrzunehmen und partikuläre Wünsche vorzutragen, dauernd mahnte: Seid einig, einig, einig. Doch dieser Appell, keine Sonderwege einzuschlagen und individuellen Regungen auszuweichen, sich dem Gemeinwohl unterzuordnen und den Eigennutz zu vergessen, bestätigte die Volks- und Wertegemeinschaft als Illusion. Denn einer differenzierten Gesellschaft entspricht unvermeidlich eine geistige Mannigfaltigkeit. Die Demokratie entfaltet sich im Zusammenleben der unter sich Uneinigen. In einer mehr oder weniger demokratisch verfassten Nation mit einer arbeitsteiligen Gesellschaft – auch wenn von einem sozialen Kaisertum gekrönt – kann es zu keiner Wertegemeinschaft kommen, weil sie der Schauplatz miteinander konkurrierender Wertsetzer ist. Über die Nation, den Rechtsstaat und den Kulturstaat, den Volksgeist und die Volkskultur konnten verschiedenste und sehr umstrittene Vorstellungen aufeinanderprallen. Bayern und Österreicher besaßen ein anderes Bild der Geschichte als Preußen. Katholiken hingen am alten, untergegangenen Römischen Reich, weil es trotz deutscher, nationaler Privilegien wie dem Recht, den Kaiser zu wählen, dem Anspruch nach universal wie die Römische Kirche war. Kulturprotestanten duldeten alle möglichen Glaubenszweifel, sie konnten aber sehr dogmatisch werden, sobald einer sich gegen die Berliner Unfehlbarkeiten in der Preußischen Akademie oder an der Friedrich-Wilhelms-Universität wehrte. Die Landwirte haderten mit der preußischen Regierung, die Industriepolitik betrieb, der Mittelstand fühlte sich vernachlässigt, der Volksschullehrer unverstanden und der Beamte schlecht bezahlt.

Bei so viel inneren Widersprüchen war es nicht unbegreiflich, gleichsam auf ein nationales Minimum zu hoffen, das es allen ermöglicht, sich mit heißem Herzen dem Vaterland, dem teuren, anzuschließen, wie die Schweizer im »Wilhelm Tell«. Die Nation war eine Idee, die Intellektuelle, Akademiker und Dichter ersonnen hatten. Die Bundesstaaten und das Reich mit ihren Bildungseinrichtungen, Symbolen und Feiertagen, vor allem mit der Armee und der Marine, wollten nach 1871 alle Deutschen an die Nation gewöhnen, zu nationalen Deutschen erziehen. Die Nation gab es ja nicht von Natur aus, wie die Theorien über den Volksgeist und das Volkstum suggerierten. Alle Völker in Europa mussten im 19. Jahrhundert umständlich in einem Prozess der Nationwerdung aus ihren Regionalismen und Provinzialismen gelöst und mit der Idee einer nationalen Einheit vertraut gemacht werden. Diese war nicht ursprünglich vorhanden, sie entwickelte sich aus dem Staat, den die absolutistischen Könige geschaffen hatten und den die Bürger als Vertreter einer vorerst nur in der Idee vorhandenen Nation zuerst in der Französischen Revolution zu ihrem Staat umwandelten. Sie ist das Ergebnis der Geschichte und eben nicht ein zeitloser, übergeschichtlicher Wert. Was immer auch die Wertbewussten heiligsprechen und der Zeit entrücken wollten, erwies sich – wie Deutschland, das heilig Herz der Völker – als historisch bedingt und damit als ein relatives Gut, der Vergänglichkeit entsprungen und ausgeliefert. Die nationalen Menschenrechte, die revolutionäre Bürger 1789 verkündeten, waren Bürgerrechte, Rechte für

Bürger, die behaupteten, sie seien die Repräsentanten der Nation und damit berechtigt, die Nation zu führen, indem sie sich des Staates bemächtigten. Als Werte wurden diese Rechte anfänglich weder gefordert noch durchgesetzt. Im Staat, der auf Recht und Gesetz beruht, kann nur das Recht Sicherheit gewähren und die Berechtigung, bei Rechtsverletzungen Einspruch zu erheben und Klage zu führen.

Der Bürger kam lange überhaupt nicht auf den Gedanken, seine Grundrechte – die Heiligkeit des Eigentums und die verschiedenen Freiheiten – als Werte in einer Wertedebatte zu problematisieren. Rechte, die zu Werten umgewertet wurden, verloren, wie er als Staatsbürger wusste, ihre Stabilität.

In Bedrängnis gerieten dennoch Rechte und Staatlichkeit, je mehr die Nation, die Kulturgemeinschaft und die Volksgemeinschaft seit der Jahrhundertwende und nach der Niederlage im Weltkrieg zu Höchstwerten stilisiert wurden, deren Funktionär der Staat sein sollte. Aus dem Schatten des Staates hatte sich die Nation befreit und verwies nun energisch den Staat in ihren Schatten. Die Devise, die der Jurist Georg Jellinek 1900 formulierte: »Handle so, dass deine Handlungsweise die Gesellschaft erhält und fördert«, empfing eine ganz eigene Dynamik nach der Niederlage von 1918, weil die Nation und die Gesellschaft von den Wertgebern aller Art in eins gesetzt wurden. Was die Nation erhält und fördert, konnte deshalb zur sozialen Pflicht des Einzelnen werden, von seinem Eigennutz abzusehen und seine Individualität durch die Vereinigung mit dem Überindividuellen überhaupt erst zu verwirklichen. Lebendiger Teil des Ganzen wird der Mensch und Deutsche, wie Heinrich Rickert, seit 1919 der liberalen Deutschen Demokratischen Partei nahestehend, und andere nationalliberale Kulturprotestanten lehrten, über die Ehe, die Familie, die Nation und den Staat. Positiv gestimmte Kulturziele verfolgt, wer der

Nation und ihrer Eigenart entschlossen dient, selbst wenn er zu Handlungen genötigt wird, die seinen eigenen Maximen widersprechen. »Jedenfalls um sittlich zu sein, hat der Mensch sich nicht nur autonom zu verhalten, sondern die Werte, die er freiwillig anerkennt und in Gütern zu verwirklichen sucht, auch durch das Ganze der Gemeinschaft, in der er wirkt, bestimmen zu lassen.« Wer als Kulturmensch in Deutschland wirken wollte, konnte in diesem Sinne auf Empfehlung Heinrich Rickerts ab 1933 erst einmal abwarten, ohne sich gegen die national-politischen Ziele der nationalen Bewegung aufzulehnen.

Einen solchen Kompromiss schien Schiller zu empfehlen: »Immer strebe zum Ganzen, und kannst du selber kein Ganzes / Werden, als dienendes Glied schließ an ein Ganzes dich an.« Das Ganze, von dem Schiller sprach, war aber gerade nicht der »Maschinenstaat«, in dem der Berufstätige einfach zu funktionieren habe, sondern eine Gemeinschaft schöner Seelen, durch ästhetische Erziehung veredelt und humanisiert. Die Wertfühlenden vergaßen einen anderen Rat Schillers: »Auch in der sittlichen Welt ist ein Adel; gemeine Naturen / zahlen mit dem, was sie tun, schöne mit dem, was sie sind.« Der Edle, der sich ins Unrecht verstricken soll, kann also nicht Forderungen nachkommen, die seiner Idee von sich und der Idee der Gerechtigkeit widersprechen. Darin sahen Juristen und Rechtsphilosophen, die das Recht auf Werte gründen wollten, durchaus ein Problem. Erkennt der Wertbegabte im geltenden Recht zuweilen Unrecht, darf er dann seinem Wertblick gehorchen oder muss er sich dennoch an das Gesetz halten? Philosophen und Juristen trauten der intuitiven Kraft des Werterhellten sehr viel zu, noch mehr der nationalen Gemeinschaft als Wertegemeinschaft, in die sich der Vereinzelte fügen soll, um seine private Ganzheit im Zusammenhang mit dem nationalen Ganzen voll entwickeln zu können. Rudolf Smend, der die staatsrechtlichen Normen als Elemente eines Sinnsystems verstand, in dem sich Werte und Kulturideen systematisch ergänzen, konnte sich kaum vorstellen, dass Gesetzgeber, die doch vom Sinn des Rechtes und der Verfassung durchdrungen sind, Unrecht Gesetzesform verleihen konnten.

Die Verfassung als Sinnsystem und Wertordnung

Das Recht in seiner stetigen Entwicklung verdeutlichte allerdings, immer abhängig von dem zu sein, was wechselnde Generationen als gut oder schlecht beurteilten. Das Recht konnte deshalb immer nur relativ gerecht sein als Ausdruck der sozialen Gegebenheiten und ihrer sittlichen Rechtfertigung. Eine Verfassung als Sinnsystem und Wertordnung vermochte dem Recht kaum größere Verbindlichkeit und Sicherheit zu verschaffen, weil beides vom jeweiligen Sinnstifter oder Wertordner abhing. Deren Beliebigkeit und Subjektivität ließ sich kaum darüber abschwächen, dass das System der Grundrechte – übrigens gar kein System, sondern nur eine Sammlung von Freiheitsrechten, die der Bourgeoisie wichtig waren – als nationales, als ein deutsches System von Smend begriffen wurde, das allgemeine Werte national bewertete und verwertete und in deutsches Recht umsetzte. Alle Versuche, das Recht auf Rechtswerten zu begründen, in der Kultur mit ihrer Sinnhaltigkeit zu verankern und historische Gegebenheiten in eine irdische Ewigkeit zu entrücken, förderten nur eine wachsende Hilflosigkeit dem Recht und Gesetz gegenüber, im Hinblick auf die Frage, inwieweit es überhaupt selbstverständlichen Respekt erwarten darf. Deswegen lehnten die meisten Juristen das Eindringen feuilletonistischer Einfälle in ihre Disziplin ab.

Doch auch ein von Werten ergriffener, in Wertebezügen assoziierender Jurist wie Gustav Radbruch, der in den Werten auch ihre wertüberwindende Macht schätzte, um alles

Unwerte und Minderwertige um ihre verderblichen Wirkungen zu bringen, resignierte vor der unvermeidlichen Irrationalität und Unvernunft des Glaubens an Werte. Ein Richter hat bei der Rechtsprechung nicht zu fühlen, zu schauen, zu wähnen und zu ahnen. Er muss sich an das geltende Recht halten, an das Gesetz, das rechtmäßig zustande gekommen ist. »Wir verachten den Pfarrer, der gegen seine Überzeugung predigt, aber wir verehren den Richter, der sich durch sein widerstrebendes Rechtsgefühl in seiner Gesetzestreue nicht beirren lässt; denn das Dogma hat nur als Ausdruck des Glaubens, das Gesetz aber nicht nur als Niederschlag der Gerechtigkeit seinen Wert, sondern auch als Bürgschaft der Rechtssicherheit, und vornehmlich als solches ist es in die Hand des Richters gegeben.«

Das schrieb Gustav Radbruch 1932. Die ganz legale Machtübernahme der Nationalsozialisten und ihre legal erwirkten Ermächtigungsgesetze sollten viele erst einmal als »Bürgschaft der Rechtssicherheit« verstehen und billigen. Die Verbindung des Rechtes mit der Kultur und der Volksgemeinschaft als kultureller Wertegemeinschaft hat das Recht nicht vor Missbrauch geschützt. Im Gegenteil, wer schwankend war, konnte sich damit beruhigen, von sich vorerst absehen zu müssen, um sich in Einklang zu wissen mit dem nationalen Willen und Wollen, mit der Nation, gerade in ihrer Not und Gefahr. Dazu mahnten immer wieder die von bürgerlichen Werten Erfüllten, die 1933 ihre Werte nicht unbedingt gefährdet sahen. Sie redeten sich ein, es gehe wie 1914 um Deutschland, die rauschhafte Verschmelzung der Seelen in Liebe zum eigenen Volk und Hass auf den Feind, die unpersönliche Sammlung um ein Ideal, um Hindenburg, den Deutschen schlechthin, aufrichtig, bieder und selbstlos heroisch, den Hüter der Verfassung und der in ihr festgelegten deutschen Werte, denen sich der junge Volkskanzler doch verpflichtet fühle. Die Wertediskussion während der kaiserlichen Zeit und der Weimarer Republik hatte das deutsche Bürgertum nicht gestärkt, Unrecht abzuwehren oder sich dessen gesetzmäßigen Ansprüchen zu entziehen, vielmehr weichten die Debatten um Werte endgültig das ohnehin geschwächte Rechts- und Staatsbewusstsein auf. Wertergriffene Bürger hatten mit der Aufwertung der volksgemeinschaftlichen Totalität jeden aufgefordert, sich nicht weiter zu isolieren und wertlos in einer Wertegemeinschaft zu frösteln und beben.

Ein Volk, ein Wille, eine Tat – die Hoffnung nationaler Wertkundiger erfüllten sich in praller Gegenständlichkeit und Anschaulichkeit. Ihre Werte, irgendwo über den Wolken wallend und wesend, brachen unmittelbar mit »dem Sinnbild der unzerstörbaren Lebenskraft der deutschen Nation« – Adolf Hitler – in die Wirklichkeit ein. Von Werten musste nicht mehr gesprochen werden. Die wahren deutschen Werte waren jetzt, wie die NSDAP versicherte, Macht, Stärke, Dynamik und Jugend. Sie entfesselte der Führer und Volkskanzler im deutschen Hitlerfrühling, der als 1000-jähriges Reich von keinem Herbst und Winter mehr eingetrübt werden würde. »Der deutsche Junge der Zukunft muss schlank und rank sein, flink wie Windhunde, zäh wie Leder und hart wie Kruppstahl. Wir müssen einen neuen Menschen erwecken, auf dass unser Volk nicht an den Degenerationserscheinungen der Zeit zu Grunde geht.« Einen neuen Menschen mit schöpferischer Antriebskraft und kampfbereit, um Arbeitsscheue zu sozialisieren und minderwertige Minderheiten entweder zu disziplinieren oder als rasseschädliche Elemente auszusondern. Wer nicht arbeitet, hat das Recht auf Freiheit verloren. Erst Arbeit macht frei, Arbeit im Einsatz für die begeisternde Idee: aus den deutschen Volk ein Herrenvolk von Leistungsträgern zu machen, die aus dem Mittelstand kommen und vermitteln zwischen Oben und Unten. Ob der kleine Leutnant Napoleon oder

der Gefreite Adolf Hitler, jeder, wenn er nur will, im Vertrauen darauf, dass Leistung sich wieder lohnen müsse und belohnt werde, seit der Sozialismus vom Führer in seine Schranken gewiesen wurde, darf darauf vertrauen, in seinem Marschgepäck einen Marschallstab zu finden.

Jeder kann Führer werden, wenn er nur den Willen dazu hat und der Autorität der nationalen Idee die Treue hält, die sich in der Autorität Hitlers manifestiert. Führen heißt Massen bewegen. Das demonstrierte »der Führer«. Der einzelne für sich ist ein kleiner Wurm, erklärte Adolf Hitler, aber in der Masse, eingegliedert in die Bewegung, sieht er »200 000 Menschen, die alle für ein Ideal kämpfen, das er im einzelnen gar nicht zu zerlegen vermag, dessen er sich gar nicht klarzuwerden braucht. Das ist sein Glaube, und der Glaube wird tagtäglich gestärkt durch die sichtbare Machtäußerung dieses Glaubens.« Es ging nicht um die Verwirklichung von Werten, von Weisheiten, am grünen Tisch diskutierend gewonnen, es ging um leicht fassliche Glaubenssätze und Mobilisierung der von ihr Überzeugten und vor allem vorerst noch Ungläubiger. Der Mythos sollte endlich die alles relativierende Geschichte überwinden und deren Macht vernichten, der Mythos von der Rasse, von formerzwingender dorischer Art und einer deutschen Religion, die nordisches Wesen mit Glauben und Schönheit vereint und damit der Kraft die Freude hinzugesellt. Joseph Goebbels jubelte nach einer Massenkundgebung in Köln: »Man hatte das Gefühl, als sei Deutschland in ein einziges großes, alle Stände, Berufe und Konfessionen umschließendes Gotteshaus verwandelt worden, zu dem nun sein Fürsprecher vor den hohen Stuhl des Allmächtigen trat, um Zeugnis abzulegen für Wille und Werk.«

Die von abstrakten Werten froh Erfüllten, überzeugt von dem Nachteil der Geschichte für das Leben und des Relativismus überdrüssig, fanden Rettung und Heil im Mythos, hatten wieder einen festen Halt auf dem Boden der Tatsachen und riefen deswegen unter dem Eindruck von Wille und Werk beruhigt und von Ungewissheiten erlöst: Heil Hitler, im Führer den nationalen Mystagogen feiernd, der aus den Deutschen wieder ein Weltvolk mache und den Deutschen ihre Auferstehung aus Elend und Entwürdigung ermögliche. Wer die Herrschaft der Werte, seiner Werte anstrebte, hielt nie das ewige Gespräch des liberalen Bürgers mit seinesgleichen für wertvoll. Es ist ja in den Werten angelegt, das Gespräch mit einer Entscheidung abzubrechen und auf diese Art eine Wertordnung durchzusetzen. Insofern waren wertfühlende Subjekte auf Führerschaft vorbereitet und konnten in ihr nichts Geschichtswidriges und Unzeitgemäßes entdecken. Höchstens, dass die Minderwertigen die Führung übernommen hatten und damit die wahren Führer um ihren Herrschaftsanspruch brachten und die Chance, ihren Werten Geltung zu verschaffen. Dietrich von Hildebrand, ein Schüler Max Schelers, wurde 1934 gegen den Willen der Wiener Philosophischen Fakultät als außerordentlicher Professor für Weltanschauungslehre vom Ministerium eingesetzt. Hildebrand hatte im März 1933 München verlassen, wo er als Professor lehrte. Der entschiedene Gegner Hitlers und seiner Partei floh zuerst ins faschistische Italien, in dem er ein Land der Ordnung schätzte, und siedelte im Laufe des Jahres nach Wien über, um von dort aus gegen den Nationalsozialismus zu kämpfen.

Dietrich von Hildebrand war eine europäische Berühmtheit. Nach seiner Konversion zur Römischen Kirche gehörte er zu den führenden Intellektuellen eines europäischen *renouveau catholique.* Der gebildete, elegante und polyglotte Schöngeist mit gewinnenden Manieren versammelte in der Münchner Villa, von seinem Vater, dem Bildhauer Adolf von Hildebrand entworfen, die bekanntesten europäischen Katholiken. Eugenio Pacelli, der spätere Papst Pius XII., mit ihm gut befreundet seit seiner Zeit als päpstlicher Nuntius in München 1917–1920 und mindestens ebenso gut erzogen, nannte den geistreichen Gastgeber einmal in liebenswürdiger Umgänglichkeit einen »Kirchenlehrer des Zwanzigsten Jahrhunderts«. Wäre er tatsächlich dazu geworden, dann hätte er das Zweite Vatikanische Konzil unbedingt verhindert. Er war wie viele katholische Intellektuelle ein Monarchist und Reaktionär. Im Liberalismus und Parlamentarismus bekämpfte er den Feind, von dem alle weiteren Feinde und Antichristen abstammten. Er gehörte – neben seinem Lehrer Max Scheler, ebenfalls ein Konvertit – zu den wenigen katholischen Christen in Deutschland und Europa, die ein christliches Wertesystem ersannen und es der Kirche als geistlichen Rat empfahlen. Sie ließ sich darauf allerdings nicht ein, auch Freund Eugenio Pacelli geriet nie in Versuchung, den Anregungen des politischen Katholizismus allzu gründliche Aufmerksamkeit zu schenken.

Hildebrand gab seit dem Dezember 1933 in Wien die Zeitschrift »Der christliche Ständestaat« heraus. Er bewunderte Engelbert Dollfuß, den autoritären, antidemokratischen katholischen Führer, der im Juli 1934 von den Nationalsozialisten ermordet wurde und seitdem als Märtyrer des politischen Katholizismus galt. Im ersten Heft der Zeitschrift – im Dezember 1933 – wurde das politische Programm vorgestellt: »Europa, das christliche Abendland, das wahre Deutschtum richten ihre Augen voll Erwartung auf Österreich, das den christlichen, deutschen Ständestaat zum Programm erwählt hat. Dieses Programm reicht weit über die Grenzen der Politik im engeren Sinn hinaus. Es erfordert eine tiefe, geistige Klärung weltanschaulicher Art. Falschen und verwirrten Vorstellungen, dem wirtschaftlichen Materialismus und dem Materialismus des Blutes, dem liberalen Individualismus und der heidnischen Staatsomnipotenz müssen die großen klassischen Formen des abendländischen Denkens entgegengestellt werden. In einer Zeit der Abkehr von Irrtümern, die sich selbst ad absurdum geführt haben, aber auch einer Zeit neuer Gärung und Verwirrung müssen die ewigen, allgemein gültigen Ideen von Staat, Nation, Volksgemeinschaft, Recht, Autorität, Freiheit und Persönlichkeit klar herausgearbeitet werden.« Das Ziel ist, mit Engelbert Dollfuß zu reden: abseits von aller Parteipolitik *Austriam instaurare in Christo,* Österreich auf Christus zu gründen und mit ihm und in ihm zu leben. Im heiligen Österreich findet das wahre Deutschtum zu seiner angemessenen Gestalt, vorbildlich für das übrige Europa und die Welt als Keimzelle eines kommenden geistgeborenen Reiches, das in einer schöneren Zukunft heilt, was vorerst verdorben ist und im Argen liegt. Hildebrand wollte auf diese Art die Politisierung des Katholizismus vermeiden und stattdessen die Katholisierung der Politik betreiben, was allerdings auf das Gleiche hinauslief.

Der Mensch gehört zu allen Wertbereichen

Den christlichen Staat als Antwort auf den Bankrott des individualistischen Liberalismus fasste er als den Weg auf, der dem deutschen Volkstum bestimmt sei, und zugleich als die rettende Antwort auf den Nationalsozialismus und den Bolschewismus, die beide die europäische Kultur bedrohten. Der christliche Kultur- und Bildungsbürger entwarf eine Wertordnung oder Wertskala, die Orientierung im politischen Kampf vermitteln sollte. Die niedrigste Sphäre umfasst die Materie und das Mechanisch-Technische. Darüber ist die Sphäre des Lebens gelagert, des Vitalen und der Organismen in ihrer biologischen Natur, an der aber auch Werte wie das Volk, die Sippe und das mit ihnen verbundene Temperament Anteil haben. Diese niederen Wertwelten übersteigt die Sphäre des Geistigen, in der das Subjekt als selbstbewusste Person zuhause ist, das die Welt erkennt, die Werte trägt und in Staat und Nation geisterfüllt gesellschaftsbildend tätig wird. Alles überragt als höchster Wertbereich das Heilige, das die Kirche repräsentiert. Der Nationalsozialismus wehre sich, was an sich löblich, gegen den liberalen Rationalismus und die mit ihm verknüpften Nützlichkeits- und Lustwerte sowie gegen die Reduzierung des Menschen auf Vorstellungen und Gefühle, die in mechanischer Kausalität ablaufen. Aber er verharrt doch seinerseits im Materialismus mit seiner Betonung des Rassismus, unfähig, sich aus der Vitalsphäre zu befreien. Der Blutmaterialismus leugnet den Primat des Geistes und beschränkt damit Werte wie Gesundheit, Wohlfahrt, Kraft und Mut auf das Biologische, obschon sie auch in die Sphäre des Geistigen hineinreichen.

Der Mensch gehört zu allen Wertbereichen, die durch den Menschen einander ergänzen. Der rassistische Nationalsozialismus verwehrt den Deutschen den Zugang, die eigene Nation und den eigenen Staat zu verstehen, weil beides geistige Gemeinschaften sind, geprägt von der Sprache und der Geschichte. Den katholischen Christen Hildebrand plagte keine Angst vor der Welt als Geschichte, auf die sich Christus einließ, indem er Mensch wurde und in die Weltgeschichte eintrat, die der unvermeidliche Weg zum Heil als Heilsgeschichte ist und bleibt. Im Nationalsozialismus verwirft er eine Häresie, eine Vergötzung des Vitalen und eine Verabsoluticrung des Willens, der sich völlig von der Vernunft gelöst hat. Mit seinem Kollektivismus des Blutes und der Rasse entwürdige er den Menschen und auch geschichtliche Gemeinschaften wie Volk und Nation, die eine soziologische beziehungsweise geistige Gemeinschaft bildeten. Die Vergötzung des seines Sinnes und Wertes beraubten Menschen bewirkte aber, worüber er sich sicher war, keine Trennung von der Ursünde des rationalistischen Liberalismus, den Menschen in den niederen Wertzonen festzuhalten, anstatt ihn in seinem wahren, umfassenden Wert zu erkennen und anzuerkennen. Deshalb kann der Nationalsozialismus weder die Nation noch den Deutschen verstehen. Ja, er bedeute den vollständigen Gegensatz zu deutscher Geistesart und Geschichte und sei offenkundig ganz und gar undeutsch, dem deutschen Wesen fremd.

Der katholische Christ Hildebrand hielt nicht allein das Christentum für ein entscheidendes Element, sondern gemäß seiner Setzung des Höchstwertes die katholische Kirche. Deutsch ist für ihn im wahren Sinne der katholische Deutsche, der in ungebrochener Harmonie mit der Geschichte des Heiligen Reiches und seiner katholischen Kaiser lebt. »Versetzen wir uns im Geist nach Bamberg, der vielleicht schönsten deutschen Stadt, mit seinem herrlichen Dom. Welcher Adel, welche Größe, welcher Ernst und welche Tiefe. Das ist deutsches Wesen, deutsche Geistesart!« Dieses wahre katholische Deutschland ist ein Reich der Musik, der Kunst, der Wissenschaft und nicht der Lebensraum einer Rasse. Im wahren Deutschen würdigte er »den großen Ernst, eine seltene geistige Kraft, eine ausgesprochene Geistesfülle, eine universelle Begabung auf allen Gebieten«, mit einer seltenen Intensität und Tiefe des Erlebens. Der Deutsche schließe sich nicht ab, er sei immer offen für andere Kulturen, weil sein Wesen nach Ergänzung verlange. Das abgeschlossene Deutschtum der Nationalsozialisten sei ein Abfall von deutschem Wesen und dessen Perversion. Der Bayer und Katholik ahnte freilich unter Vorläufern Hitlers schon entartete Deutsche, vor allem im kulturlosen Preußen, das mit Gewalt die »uralten Kulturbezirke des deutschen Südens und Westens« übernahm. Die Nationalsozialisten, »ein Haufen Halbgebildeter, die zu Machthabern über Millionen emporgekommen sind«, stehen in der preußischen Tradition und kämpfen gegen die deutsche, unsterbliche Kultur und damit gegen ein Volk mit seiner leuchtenden, königlichen Fülle edlen Geistes. Insofern ist es des heiligen Österreichertums als höchster Vollendung des Deutschtums deutsche, europäische und katholische Pflicht, als wahres Deutschland das übrige wieder zu befreien und sich selbst zurückzugeben. Der Kampf gehe »für oder gegen Christus, für Kultur oder Barbarei, für wahre Menschlichkeit oder für Bestialität und auch für deutsche Kultur oder für Vernichtung der deutschen Kultur«.

Dietrich von Hildebrand, ein rigoroser und tapferer Gegner des Nationalsozialismus, der 1938 als erklärter Volksschädling in die Vereinigten Staaten emigrierte, bestätigte mit seinem aller Ehren werten Kampf doch die Verwirrung, in die gerade Werte führen können. Sein Höchstwert war das Heilige und die Heilige Römische Kirche. Diesem höchsten Wert musste alles untergeordnet und mit ihm in Zusammenhang gebracht werden, was Hildebrand teuer und kostbar, eben wertvoll war. Die Geschichte nur als dauernden Prozess Jesu zu deuten – für oder gegen Christus – verwickelte ihn in fatale Widersprüche, da wohl oder übel Deutschland auch das Land der Reformation und Martin Luthers ist, der sich ja keineswegs wertverwahrlost gegen Christus empörte. Das kulturlose Preußen begriff sich auch im 19. Jahrhundert immer als christlicher Staat zum Entsetzen nicht nur der Liberalen und verstand sich – jetzt zusammen mit den Liberalen – als Kulturstaat, in dem sich der Rechtsstaat und Sozialstaat vollendete. Zum Land der deutschen Musik gehörten auch die Lutheraner Schütz, Bach oder Telemann, deren Intensität des Fühlens kaum geringer war als die der Katholiken Haydn, Mozart und Beethoven. Süddeutschland mag »älter« sein als Brandenburg und Preußen, weil wenigstens teilweise noch von den Römern latinisiert, aber deswegen besaß es doch nicht mehr Tiefe, Adel und Menschlichkeit als Weimar oder Dresden, wichtige Städte deutscher Kultur, in Gegenden gelegen, die zuletzt über das Gymnasium, eine lutherische und preußische Erfindung, romanisiert und latinisiert wurden.

Die Eigentümlichkeiten seiner Bewertung der deutschen Geschichte sind unvermeidlich im Zusammenhang mit seiner Wertordnung. Er verwirft den Liberalismus als Aufstand der Minderwertigen gegen Christus. Dieser zeugte die bolschewistischen und nationalsozialistischen Antichristen; da sich nichts in der Geschichte unvorbereitet ereignet, muss es selbstverständlich Vorläufer gegeben haben, die den Aufstand der Halbgebildeten und Kulturlosen gegen die höheren und höchsten Werte vorbereiteten. Dietrich von Hildebrand adelte seine Vorurteile und Ressentiments als katholischer Bayer zu Werten, wodurch sie keineswegs objektiviert wurden. Sie bezeugten vielmehr das polemische Talent eines Wertabhängigen und Werttyrannen, der andere Wertordnungen pauschal verwirft. Eine Katholisierung der Politik zu fordern, die Durchdringung minderer Wertzonen mit Wertbeständen aus den ranghöheren Sphären entsprechend dem Willen eines Weltordners, widersprachen entschieden den europäischen Traditionen, die Politik als einen weltlichen Bereich mit einer ihr angemessenen weltlichen Vernunft zu betreiben, die gar nicht unchristlich sein musste, weil ja die Politiker, die Könige und Kaiser wie ihre Berater selbstverständlich Christen waren. Hildebrand veranschaulichte deutlich die Unduldsamkeit, die den Wertschauenden auszeichnet. Seine Unbeholfenheit veranschaulicht aber auch fast Mitleid erregend die Hilflosigkeit, den Nationalsozialismus politisch zu bekämpfen. Der Vorwurf des Rassismus bleibt ein rein geistesgeschichtliches Argument, verstärkt um moralische Trompetentöne, Barbarei, Unmenschlichkeit oder Bestialität. Hildebrands Empörung ist verständlich und sympathisch. Doch der Nationalsozialismus verstieß gegen das Recht, verletzte Verträge, verfolgte mit Hilfe der Justiz Bürger, brachte sie um ihr Eigentum oder nötigte zur Emigration. Es war weltfremd und nahezu rührend, die praktische Wirklichkeit nur als Kulturlosigkeit und Bruch mit dem wahren Wesen des Deutschtums zu deuten.

Seine Gegnerschaft war, um mit seinen Worten zu sprechen, wertlos, weil als larmoyante Kulturkritik den Angriffen eines mächtigen Feindes gar nicht angemessen. Aber die politische Welt war Dietrich von Hildebrand stets verdächtig gewesen. Wegen seiner Wertordnung missfielen ihm der Parlamentarismus, die öffentliche Diskussion, der Pluralismus, die Meinungsvielfalt, der Kulturbetrieb, die kapitalistische Wirtschaft, der Egoismus und die Stillosigkeit einer individualisierten Kultur. Er sah im italienischen Faschismus ein Modell, Autorität und Freiheit, Ordnung und Eigentum, Gemeinwohl und Eigennutz in einem bekömmlichen Gleichgewicht zu halten, und erst recht im katholischen Ständestaat Österreichs. Die Diktatur Hitlers und die Aushöhlung des Verfassungsstaates konnte ihn nicht allzu sehr erregen, da er als Monarchist die Weimarer Republik wegen »liberalistischer« Tendenzen nie als Rechtsstaat aufgefasst hatte. Auch die Beschwörung des deutschen Wesens und seiner Kulturwerte entfernte sich völlig von der Realität, und zugleich geriet er mit dem verschwärmten Bild vom Adel des deutschen Menschen in eine fatale Abhängigkeit von nationalsozialistischen Idealen, die im Bamberger Reiter und den Statuen der Stauferzeit den ewig wahren und schönen Deutschen feierten. Außerdem musste Hildebrand besonders leidenschaftlich national argumentieren, um seine Opposition vor dem Missverständnis zu bewahren, er kämpfe gegen das Vaterland und nicht gegen die Partei. Sein Widerstand sollte unbedingt als eine deutsche, patriotische Sorge um die gefährdete deutsche Kultur und den deutschen Kulturmenschen wirken.

Sein Bild vom Deutschen ist das Phantasiebild eines enttäuschten Bürgers um 1900, dem die Gegenwart zu unbehaglich geworden war und der sich nach der einen, geordneten Welt zurücksehnte, die im mittelalterlichen Abendland Ruhe, Glück und die Übereinstimmung der Gemüter ermöglichte. Das Mittelalter war eine ungemein aufgeregte Welt, dauernd von sozialen Unruhen und Häresien geplagt. Der »deutsche Mensch« im Mittelalter entsprach den Sehnsüchten von Ästheten der Jahrhundertwende, die wenigstens in der gotischen Vergangenheit bei ihrer Wertschau den ritterlich schönen Mann, vornehm, elegant, Gott und den Frauen ergeben, verwirklicht sehen wollte. Dietrich von Hildebrand klammerte sich an schöngeistige Fiktionen wie so viele seiner Mitbürger, die am Spießer und an der hässlichen Umwelt unter dem Einfluss der Industrialisierung litten. Das Kokettieren mit ehemaligen ganzheitlichen Lebensformen konnte als ohnmächtige Beschwörung von Traumbildern nichts gegen die mächtige Zusammenfassung der Massen ausrichten, die der Nationalsozialismus auf den Weg brachte, durchaus manche bürgerliche Verspieltheiten einbeziehend. Die Nationalsozialisten brauchten den Protest spätbürgerlichen Weltschmerzes und christlicher Wertepolemik nicht zu fürchten. Sie verfolgten Hildebrand, der sich ihrem Zugriff entziehen konnte. Und die Deutschen im Reich hielten sich an das bisschen Komfort, das die Partei ihnen verhieß; sie fuhren auf Nordlandreisen oder nach Mallorca, erhöhten in gesunder Sinnlichkeit die Coitusfrequenz, schenkten dem Führer ein Kind und noch eines und vertrauten mit Zarah Leander bei nicht zu übersehenden Unübersichtlichkeiten: Davon geht die Welt nicht unter.

KAPITEL IV

Die neue Verzauberung des Staates als Wertordnung

Worüber also müssten wir uns wohl streiten und zu was für einer Entscheidung nicht kommen können, um uns zu erzürnen und einander feind zu werden? Vielleicht fällt es dir eben nicht bei: allein lass mich es aussprechen, und überlege, ob es wohl dieses ist, das Gerechte und Ungerechte, das Edle und Schlechte, das Gute und Böse. Sind nicht dies etwa die Gegenstände, worüber streitend und nicht zur völligen Entscheidung gelangend wir einander feind werden, sooft wir es werden, du und ich sowohl als auch alle übrigen Menschen?« Das gab Platons Sokrates dem Euthyphron zu bedenken. Daran ließen sich die noch einmal Davongekomenen nach 1945 ungern erinnern. Allzu offensichtlich schien der Sieg des Guten über das Böse, des Edlen über das Schlechte zu sein und des Gerechten über den Ungerechten. Wer auch immer nur vorschlug, nicht zu vergessen, dass – nach Sokrates – Zwietracht und Krieg sich aus der Uneinigkeit über Gerecht und Ungerecht ergäben, machte sich verdächtig, noch kein wahrer Demokrat geworden zu sein, den Nationalsozialismus möglicherweise zu relativieren, antiamerikanische Stimmungen zu schüren oder sich allzu lau mitten im Kalten Krieg zu verhalten. In ihm ging es wieder einmal um Alles: Freiheit oder Sozialismus, Leben oder Tod, um Menschenfreunde und Menschenfeinde. Die Welt zerfiel in zwei leidenschaftliche Gesinnungsgemeinschaften mit humanitären Absichten, die deshalb im anderen den Unmenschen oder gar den Untermenschen fürchteten und bekämpften. Jeder hielt sich an Sarastros schon erwähnte Lehre, wem die Lehren der jeweiligen »Blockwarte« nicht erfreuten, »verdienet nicht ein Mensch zu sein«. Das erschwerte den Umgang miteinander, erleichterte jedoch die wechselseitige moralische Aufrüstung, die Schritt zu halten wusste mit der praktischen.

Mit der Französischen Revolution begann die allmähliche Auflösung der politischen Übereinkünfte, die Frage nach der Gerechtigkeit der eigenen Interessen auf sich beruhen zu lassen, vor allem wenn man sie mit der *ultima ratio regis,* mit Kanonen und Soldaten, durchsetzen wollte. Erschöpft von Bürgerkriegen, die seit der Reformation und dem Entstehen neuer Bekenntnisse auch Kriege für das Recht auf Glaubensfreiheit waren, setzten sich die »Politiker« für die Neutralität der Krone gegenüber den Konfessionen ein. Sie wurden so genannt, weil *político, politique* den Höflichen meinte, einen Weltmann mit poliertem, feinem Anstand, der sich über lästige Unbequemlichkeiten, die nur Verdruss erregen, hinwegsetzt, um einen friedlichen und eleganten Umgang untereinander zu ermöglichen. Jeder ist zumindest ideell im Staat und für die Behörden ein Gerechter, unabhängig von dem, was er glaubt, sofern er nicht Gott leugnet und die Gesetze beachtet. Praktisch durchgesetzt wurde diese Toleranz allerdings nur im Heiligen Römischen Reich deutscher Nation. Denn in Frankreich widerrief Ludwig XIV. 1685 das Edikt von Nantes, das den Hugenotten Duldung gewährte. In England gab es genauso wenig Toleranz wie in Spanien oder Italien. Mitglieder der freien, religiösen Gemeinschaften wichen nach Amerika aus, dem Land der Gewissensfreiheit, was keineswegs bürgerliche Freiheit mit einschloss. Erst 1829 wurden katholische Christen in Großbritannien zum Parlament und zu den Staatsämtern zugelassen.

Es dauerte also sehr lange, bis die das Zusammenleben erleichternden Erwartungen der »Politiker« überall verwirklicht werden konnten. Viel rascher vollzog sich diese Entwicklung im Völkerrecht. Seit den Verträgen von Münster und Osnabrück, die für Deutschland 1648 den für sie Dreißigjährigen Krieg beendeten, konnten Staaten und Könige Kriege wie ein Duell, wie einen Ehrenhandel führen. Sie standen sich nicht mehr als Rechtsbrecher und Ungerechte gegenüber, sie galten sittlich als gleichberechtigt und waren verpflichtet, nach dem Krieg, ohne einander weiter Vorwürfe zu machen oder Kriegsentschädigungen zu verlangen, so zu leben, als wäre nichts geschehen. Auch sehr fromme und sehr philosophische Menschenfreunde fanden sich mit den Vorzügen dieser moralischen Laxheit ab. Seit sich Europäer im Kriegszustand nicht mehr wechselseitig moralisch die Kleider abrissen und einander zu Feinden des Menschengeschlechtes erklärten, waren die widrigsten Konsequenzen der stets umstrittenen Deutung von Gut und Böse, Recht und Unrecht oder Gerechtigkeit abgeschwächt.

Die Moralisierung des Politischen und damit auch wieder des Krieges setzte mit der Revolution ein. Sie kämpfte für einen neuen Staat, eine neue Gesellschaft und damit für einen neuen Menschen. Es ging nicht mehr wie früher um Freiheiten und Privilegien, sondern um die Freiheit, es ging nicht mehr um ständische Bedürfnisse, sondern um den zur Selbstbestimmung aufgerufenen Menschen und Staatsbürger in der einen, unteilbaren Nation. In den zur Herrschaft gelangten allgemeinen Ideen – Freiheit, Gleichheit, Gerechtigkeit, Menschenwürde – lag eine nötigende Gewalt erst einmal für die von ihnen Überzeugten. Denn die unaufgeklärten, auf sie gar nicht vorbereiteten Ungeister, wie solche Elemente die Geistreichen auffassten, mussten erzogen und geschult werden, um sich als Brüder unter Brüdern frei und den anderen zum Wohlgefallen zu bewegen.

Der Zwilling der Freiheit war die Tugend, in der alles zusammengefasst wurde, was den Bürger in seiner Selbstlosigkeit, Vaterlandsliebe, Sittsamkeit und philosophisch vernünftigen Umsicht als höheres und moralisch einwandfreies Wesen auszeichnete. »Die Tugend hat jetzt zu regieren gegen die Vielen, welche mit ihrer Verdorbenheit und mit ihren alten Interessen oder auch durch die Exzesse der Freiheit und Leidenschaften der Tugend untreu sind. Die Tugend ist hier ein einfaches Prinzip und unterscheidet nur solche, die in der Gesinnung sind, und solche, die es nicht sind. Die Gesinnung aber kann nur von der Gesinnung erkannt und beurteilt werden. Es herrscht somit der Verdacht; die Tugend aber, sobald sie verdächtig wird, ist schon verurteilt.« So beschrieb Georg Wilhelm Friedrich Hegel die unvermeidliche Allianz von Tugend und Terror, die den Denunzianten zum Hüter der Verfassung erhob und die Schnüffelei zum Wohle der Staatssicherheit als bürgerliche Pflicht verlangte. Im Namen der großen Prinzipien und der Tugend, die zusammen – was der Abbé Grégoire erhoffte – wie eine Religion der Menschen ohne Gott, wie ein konkreter, patriotischer Glaube, eine Zivilreligion, wie man heute sagt – den Enthusiasmus erwecken sollten, wurden Häretiker, Abtrünnige, Abweichler aller Art schikaniert, inhaftiert, guillotiniert, ertränkt oder in der antirevolutionären Vendée zusammengetrieben und niedergeschossen.

Die Schreckensherrschaft versetzte 1793/1794 viele Europäer in Schrecken, konnte aber nicht die Herrschaft der großen Ideen brechen. Auf wen später die revolutionäre Tugend in Frankreich allzu drastisch und dramatisch wirkte, der hielt sich an die ruhigen US-Amerikaner, deren *manifest destiny* darin bestehe, als stärkste Nation auf der Erde für jedes gerechte Ziel mannhaft zum Wohl der Menschheit einzutreten und für die Gerechtigkeit unter den Menschen zu sorgen. 1838 schwärmte die »Democratic Review« von der weitreichenden, grenzenlosen Zukunft, einer Ära amerikanischer Größe. »In ihrer glänzenden Herrschaft über Raum und Zeit ist die Nation mancher Nationen bestimmt, der Menschheit die Vortrefflichkeit göttlicher Prinzipien zu offenbaren. Ihr Boden wird eine Hemisphäre sein, ihr Dach das Firmament sternverzierter Himmel und ihre Versammlung eine Vereinigung mancher Republiken, Hunderte von glücklichen Millionen umfassend, aufrufend, keinem Herrn dienstbar, sondern regiert durch Gottes natürliches und moralisches Gesetz der Gleichheit, das Gesetz der Bruderschaft, des Friedens und guten Willens unter den Menschen.« Dieses Glaubensbekenntnis entspricht der biblischen Selbsteinschätzung der Amerikaner, das Licht der Welt zu sein, das wie eine Stadt auf dem Berge nicht verborgen sein kann und den Irrenden den Weg zum Heil weist durch die von allen Übeln erlösende amerikanische Demokratie. Die Auslegung dessen, was gerecht, edel und gut, bleibt den Gerechten vorbehalten, weil sie allein wissen, was den Menschen frommt und ihr Glück mehrt. Die Politik wird nicht nur moralisiert, sondern auch theologisiert, sie wird zur politischen Theologie.

Darüber kehrte auch der gerechte Krieg zurück und die Kriminalisierung des Feindes. Denn wer dem Gerechten den Weg vertritt, kann nur ein Ungerechter sein, der abgewehrt und bestraft gehört. Britischen Liberalen war solch missionarischer Eifer seit dem frühen 19. Jahrhundert nicht fremd. Sie unterstützten in Europa und Südamerika, nicht konsequent, aber wo es ihren Interessen nützte, Freiheitsrevolten und Verfassungsbewegungen, ihr britisches Modell und ihren *way of life* als Inbegriff der Zivilisation und der Verschmelzung von Humanität und Fortschritt zur Nachahmung anbietend. Am britischen Wesen sollte die Welt genesen. Großbritannien verstand sich gleichsam als der Vorsitzende beim Jüngsten Gericht, der über Gerechte und Ungerechte ein unfehlbares Urteil fällte. Das berühmteste Pamphlet in diesem Sinne verfertigte 1876 William Ewart Gladstone, die »Bulgarischen Greuel«, um die unvorstellbare Grausamkeit der Türken vor aller Welt anzuprangern, mit der sie einen Aufstand der Bulgaren unterdrückten. Die Zahl der Todesopfer wurde auf 25 000 geschätzt, ungeheuerlich für das humane 19. Jahrhundert. Die Leidenschaft für das Gute packte alle Wohlgesinnten. Ohne Leidenschaft lässt sich nichts Gutes bewirken. Freilich, die Substanz aller edlen Leidenschaften ist der Abscheu, in diesem Fall vor den Türken. Als Feinde des Menschengeschlechtes verdienten sie Verachtung und Strafe. Wer immer die türkische Tyrannei beseitigte, dem verhieß Gladstone den ewigen Dank der Christenheit, ja der ganzen Welt.

Dem Premierminister Benjamin Disraeli kamen die leidenschaftlichen Aufwallungen des Oppositionsführers ziemlich ungelegen. Ihn beschäftigten gerade Überlegungen, gegen die russischen »Dunkelmänner« eine Koalition des Lichtes und der Gutwilligen zum Schutz des Osmanischen Reiches zu bilden, diesem Bollwerk der Zivilisation, wie er es, ohne mit der Wimper zu zucken, nannte. Übrigens sprach ein Jahr später keiner mehr von den bedrückten Bulgaren. Die Russen waren auf dem Balkan einmarschiert, um zusammen mit Serben, Montenegrinern und Bulgaren gegen die Türken für Freiheit, Gerechtigkeit und Frieden zu kämpfen. Das war nicht gut für England. Und was nicht gut für England ist, kann überhaupt nicht gut sein, was alle Guten sofort einsahen. Sie warfen Gladstone die Fensterscheiben ein.

Die Schwäche der moralischen Entrüstung liegt nicht darin, dass sie wankt, sobald ureigenste Interessen auf dem Spiel stehen. Das Fatale an ihr ist, dass sie den Hass zum Geschwister hat und braucht. Die Humanität, wenn gereizt, hat ihre eigene Dialektik, die grausamste, weil sie allein weiß, wer der Unmensch oder Untermensch ist. Der Feind des Menschengeschlechtes ist zu den niederen Dämonen zu rechnen und wird in wechselnden Erscheinungen vermutet, nicht zum Vorteil einer berechenbaren Politik im Verkehr der Staaten untereinander. Deswegen hasste Fürst Clemens Metternich, 40 Jahre österreichischer Staatskanzler, die breiten Worte, die mehr als dehnbaren Begriffe wie die Menschheit, die Zivilisation, den Fortschritt oder Europa. »Ich hasse den Missbrauch solcher Worte«, schrieb 1856 der uralte Herr gegen Ende eines von den Briten hochideologisierten Krieges, des Krimkrieges. Hochtönende Worte bieten dem Recht keinen Halt. Mit ihnen lässt sich eine gestörte Ordnung nicht beruhigen.

Damals suchte ein Westen, der sich erstmals als solcher begriff, um Frankreich und England geschart, eine Allianz der Guten gegen das russische »Reich der Finsternis« zu bilden. Die Vereinigten Staaten entzogen sich dieser »Verwestlichung«, weil sie sich überhaupt noch nicht einer westlichen Gemeinschaft zugehörig fühlten und gerade den Westeuropäern, also Engländern und Franzosen, aus guten Gründen wenig trauten. Ebenso blieben Preußen und das übrige Deutschland einer solchen Gesinnungsgemeinschaft fern. Die umsichtige Neutralität der beiden Mächte verhinderte einen ersten Weltkrieg. Napoleon III. hatte nach dem Debakel dieses unbesonnen begonnenen Krieges erkannt, dass es bekömmlicher für den Frieden in Europa und der Welt war, Russland als klassische europäische Großmacht zu behandeln und darauf zu verzichten, es wieder auf ein Großfürstentum Moskau zu reduzieren unter dem Vorwand, damit das Glück der Menschheit voranzutreiben. Die Erfahrungen mit diesem Krieg, der das System der fünf Großmächte durcheinanderbrachte, verzögerte die endgültige Moralisierung der Politik und die Rückkehr zum gerechten Krieg, die sich im Ersten Weltkrieg vollendete. Der machte die Welt zum friedlosen Schauplatz zum Frieden gar nicht mehr Fähiger, die den heißen Krieg im kalten inständig fortsetzten.

Gute können Gutes tun

Unter solchen Voraussetzungen bedeutete selbstverständlich drei Jahrzehnte später die Atombombe in amerikanischer Hand Schutz und Schirm der Menschheit, in den Händen der Sowjets oder Russen hingegen galt sie als Bedrohung der Menschheit und des Friedens. Obschon die US-Amerikaner bislang die einzigen waren, die Atombomben im Krieg einsetzten, fürchteten sie von anderen, sie könnten diese tatsächlich als Waffe verwenden. Die russischen Friedensfreunde beurteilten hingegen die kapitalistischen Imperialisten als die Übeltäter, welche die Völker wegen ihrer Aggressivität nicht zur Ruhe kommen ließen. Frieden nennen es die »Herren im Kreml«, eine Wüste zu schaffen, darüber waren sich die wechselnden Herren im Weißen Haus einig. Eine Wüste zu schaffen, in Hiroshima und Nagasaki, hielten sie allerdings um des Friedens willen und der Menschheit zuliebe für unvermeidlich und deshalb für wohltätig. Denn die Guten können nur Gutes tun. Deswegen konnten sie sich auch vorübergehend mit den Bösen verbünden, eben um ihrer Sache, der guten Sache der Menschenfreunde, zum Sieg zu verhelfen. Wenn der Zweck die Mittel heiligt, verliert das Böse und der Böse zumindest zeitweise seinen entsetzlichen Charakter; verbündet mit den Guten als Repräsentanten des Guten hat er Anteil am Guten. Das änderte sich sofort, als die ehemaligen Alliierten erhebliche Schwierigkeiten miteinander bekamen.

Menschenfreunde erklärten andere Menschenfreunde zu Feinden des Menschengeschlechtes, Gerechte verurteilten andere Gerechte als ungerecht, Friedensfreunde warfen einander vor, Friedlosigkeit und Feindschaft zu bewirken. Die Vereinigten Staaten von Amerika und die Union der sozialistischen Sowjetrepubliken Russlands, die beide groß von ihrer Bestimmung in der Welt dachten, konnten ihre wechselseitige Polemik mühelos von ihrer humanitären Sendung ableiten. Die Humanität ist allerdings ein ungemein polemischer Begriff, der von der Interpretation abhängt und von den dazu durch die Machthaber ermächtigten Interpreten. Sonst würden sich ja gemeinsame Menschenfreunde nach getaner Arbeit nicht sofort als Menschenfeinde einschätzen, weil ihre Interessen von nun an unterschiedliche sind und einander widersprechen. Es war nur eine Frage des Datums und der gegebenen Umstände, wann einer zu den Guten oder zu den Bösen gehörte. Das bemerkten die Deutschen gleich nach dem Zweiten Weltkrieg auf beiden Seiten, ob als »Eingeborene von Trizonesien«, in den westlichen Besatzungsgebieten, oder »drüben« in der SBZ, in der Sowjetischen Besatzungszone. Denn die wurden gebraucht als Verbündete zur Unterstützung der jeweiligen »guten Sache« und konnten sich deshalb unter die Guten einreihen.

Die vollständige Niederlage, der sogenannte Zusammenbruch, verlieh allerdings den letzten Versen aus Andreas Gryphius' Sonett »Tränen des Vaterlandes«, mitten im Dreißigjährigen Krieg geschrieben, eine unmittelbare Beziehung zur Gegenwart: »Was grimmer denn die Pest und Glut und Hungersnot: / Dass auch der Seelenschatz so vielen abgezwungen.« In diesen Versen sahen deutsche Gewissenserforscher den sittlichen Zustand der Deutschen nach 1945, aber auch schon davor, genau umrissen. Der Seelenschatz meinte die Behauptung der Freiheit und Sittlichkeit in Übereinstimmung mit den göttlichen Tugenden, die mittlerweile auch philosophische sein konnten, weil zum revolutionären Sozialismus eine Philosophie gehörte. Wem der Seelenschatz abhanden gekommen, der fügte sich gleichgültig in die Verhältnisse. Er selber besaß nicht unbedingt einen bösen Willen oder wurde von ihm besessen, aber er ließ es zu, dass die Böswilligen ihren Willen durchsetzen konnten. Die Kirche hält die Unterlassungssünden für die schlimmsten Vergehen.

Robert Musil sah 1921 in der bürgerlichen Praxis des Zulassens eine sehr zeitgemäße und ganz moderne Haltung. »Das gewöhnliche Verhältnis der Einzelnen zu einer so großen Organisation, wie sie der Staat darstellt, ist das Gewährenlassen.« Jeder ist außerhalb seines eigenen Funktionskreises unmündig, auf andere angewiesen. Das rein technische Ineinandergreifen der Funktionstüchtigkeiten kann systematische Greuel und Abscheulichkeiten ermöglichen. Wir selbst haben aber unseren Anteil am Schrecklichen nicht getan, »selbst wenn wir Täter waren, sondern wir haben ihn bloß zugelassen«. Robert Musil beschrieb ein ganz modernes Phänomen mit der Mentalität des Zulassens, die nach 1933 zum spezifischen Merkmal der effizienten, verwertbaren modernen Deutschen wurde. Nicht alle Deutschen verfolgten während der Zeit des Nationalsozialismus Juden, Kommunisten, Homosexuelle oder Priester, fast alle ließen aber zu, dass sie verfolgt wurden und ihr Leben verloren. Theologisch gesprochen waren sie Unterlassungssünder. Eine Zeitschrift nannte sich deshalb 1947 »Wandlung«. Das war ein Programm, eine Aufforderung, sich zu läutern, in sich zu gehen und ein neuer Mensch zu werden und wieder einen Seelenschatz zu sammeln. Das war ein Weg nach Innen, aber nicht aus der Welt und weltfremd. Denn die innere Erneuerung sollte ja die Voraussetzung sein für ein »neues Deutschland«, an das nicht allein die Zeitung mit diesem programmatischen Titel dachte.

Die Deutschen begannen abermals, wie gewohnt bei den Peripetien ihrer Geschichte, 1871, 1914, 1918 oder 1933, über sich nachzudenken, betrieben Gewissenserforschung durchaus im theologischen Sinn, was sie und ihre Väter alles falsch gemacht hatten. Doch sie wurden gleich wieder von ihren Besiegern gebraucht. Die sahen nach einigen Monaten der unklaren Umerziehung im Osten und einigen Jahren im Westen davon ab, ihre neuen Bundesgenossen weiter mit Vorwürfen zu belasten, die sie vielleicht in Starr- und Eigensinn treiben könnten, was ja gerade vermieden werden sollte. Die Deutschen sahen sich auf beiden Seiten aufgenommen in die Gemeinschaft der Guten und Edlen, das beruhigte rasch ihre Unruhen und Ungewissheiten. Es tat gut, auf der Seite der Guten zu stehen, als Guter Anerkennung und Achtung zu finden und mit den Gerechten zusammen alles Gute und Edle davor zu bewahren, vom Reich der Finsternis und des Bösen aufgesaugt oder zermalmt zu werden. Die Deutschen waren sich selbst mit ihrer gesamten Geschichte und ihren philosophisch-literarischen Traditionen vorübergehend zur Frage, also fragwürdig geworden. Sie brachen die Selbsterforschung erleichtert ab und wandten sich der Zukunft zu, wie sie der Sozialismus verhieß oder »der Westen« im Angebot hatte. Die Zukunft wurde vor allen ökonomisch gedeutet. Deutsche Wertarbeit sollte heilen, was deutsche Politik verschuldet hatte. Im politischen Osten Deutschlands hielt man sich an das idealistische Erbe, um einer sozialistischen Ökonomie den Weg in die schönere Zukunft zu weisen. Im Westen wollte man nichts mehr von Idealen hören, die doch alle in die Katastrophe geführt hätten. »Man« arrangierte sich mit den Verhältnissen, denen das Wirtschaftswunder alsbald den Glanz der Normalität verschaffte, über die innere Leere hinwegtäuschend, die zuvor noch lebhaft verspürt worden war.

Diese Leere war ja nicht vom Nationalsozialismus und seiner Katastrophe erzeugt worden, in diese konnte er sich vielmehr ungehindert verströmen. Seit dem späten 19. Jahrhundert experimentierten die Deutschen wie alle Europäer mit Ideen, Idealen, Prinzipien oder Gedankensystemen, die ihnen Halt versprachen und ihnen Auskunft auf ihre Frage gaben: Was sollen wir tun? Alle enttäuschten und erwiesen sich als Illusionen. Die Niederlage nach dem Ersten Weltkrieg, der doch als großer nationaler Aufbruch anfänglich begrüßt und gefeiert wurde, verschärfte den Wunsch nach Sinnstiftung und Sinngebung, um aus der Sinnlosigkeit herauszufinden oder herausgeführt zu werden. Die Anziehungskraft des Nationalsozialismus ergab sich aus der Absicht, alle möglichen Trümmer aus der Konkursmasse bürgerlicher Weltanschauungen miteinander zu verbinden und längst Vertrautem in ungewöhnlichen Zusammensetzungen einen überraschenden Reiz zu verleihen: Volksgesundheit und Adel, Elite und Volksgemeinschaft, Biologie und Mythos, dorische Welten und Technik, Sport und soldatischer Geist oder ländliches Brauchtum und städtisches Volkstum, aber auch gesunde Sinnlichkeit und Disziplin. Das klang so alt und war doch so jung und versprach, leeren Seelenraum zu füllen.

Ein jeder fand etwas für seine spezielle Not, in der sich die Not der Deutschen ausdrücke, dieser Notgemeinschaft, der ihr Führer und Volkskanzler Lebensfülle verhieß, die alle Not wenden würde. Dass eine erhebliche Zahl von Deutschen aus der Volksgemeinschaft entfernt wurde – Juden, Kommunisten, Priester, unbelehrbare Aristokraten, Homosexuelle und Behinderte –, konnte »man«, trotz einzelner Bedenken, insofern zulassen, als Minderheiten sich vernünftigerweise der Mehrheit zu fügen hätten, sobald diese sich anschickte, alle Kräfte zu sammeln, um mit den Starken und Lebensvollen in eine herrliche Zukunft aufzubrechen. Von Leben, Schönheit und Kraft redeten viele ununterbrochen seit der Jahrhundertwende, meist aber geteilt in einander widersprechende und bekämpfende Gruppen. Der National sozialismus schien die ersehnte Synthese aller Hoffnungen und die Aufhebung sämtlicher Gegensätze zu sein. Gerade die Wertphilosophen schwärmten schon vor dem Ersten Weltkrieg von den großen Leidenschaften, die große Nationen zu großen Wertegemeinschaften zusammenschweißen. Der »Führer« sprach nur selten von Werten und nie von einer Wertegemeinschaft. Er weckte Glauben und erweckte Gläubige mit dem Imperativ: Du sollst an Deutschlands Zukunft glauben.

Das hatten sie schon oft und von anderen gehört. Aber eine suggestive Kraft für die zum Glauben Erweckten ging davon aus, dass Hitler für sie kein Politiker war, sondern ein ehrlicher Mann aus dem Volk. Unbestechlich, unkorrumpierbar wie die konsequenten französischen Revolutionäre, wie Robespierre und Saint Juste. Sie versöhnten die Tugend und den Terror zur Rettung des Staates, um die eine Nation von sämtlichen schädlichen Elementen zu befreien. Wie bei Robespierre blieb an Hitler das Größte mit den Worten Baldur von Schirachs, »dass er nicht nur unser Führer ist, sondern Mensch blieb wie Du und Ich«. Ein deutscher Mensch, schlicht, aufrecht und edel, ähnlich dem Bamberger Reiter, dem Inbegriff des Deutschen, dessen Bild – Werner Hagers dramatisch gesteigerte Photographie – in jedem Haushalt, der echt und deutsch fühlte, neben dem Herrgottswinkel hing. Der Bamberger Reiter wurde enthistorisiert und zum ewigen Deutschen mythisiert. Immer wieder wurde seit Nietzsche die Geschichte als der Feind des Lebens angeklagt, sie lähme, sie relativiere und mache mutlos, sich entschlossen der Zukunft zuzuwenden, um sie nach eigenem Willen zu gestalten. In einer von der Macht der Geschichte nach dem verlorenen Ersten Weltkrieg erdrückten und bedrückten Gesellschaft wirkte die Aufforderung der Nationalsozialisten nahezu befreiend, historischen Ballast abzuwerfen und endlich jung zu sein und lebensmächtig mit dem jungen Volkskanzler und Führer.

Die mythischen Ursprünge der Rasse und des rassebewussten Volkstums, der Mythos von Blut und Boden, den urtümlichen Lebenspendern, wies unmittelbar, unter Aussparung der dauernden Unheilsgeschichte stets zerstrittener Deutscher, auf den in die Wirklichkeit einbrechenden Mythos des werdenden und tausend Jahre währenden Reiches. Die Ermächtigung durch den Mythos sollte die Macht der Vergänglichkeit, der alles verändernden Geschichte überwinden und entmächtigen. Die Deutschen verabschiedeten sich mit ihrem Führer, dem Mystagogen, von ihrer Geschichte und Herkunft. Im Anfang liegt die Zukunft. Wie die Deutschen uranfänglich waren, so sollten sie wieder werden: todesmutig, gerade aus Liebe zum Leben, phantasievoll, sangesfreudig, immer gerecht, rächend jeden Rechtsbruch und als Frohwald die indessen vergreisende Welt durchstürmend, damit sie durch die erneuerte germanische Kraft wieder jünger und froher werde mit jedem Tag. Die Germanen als Wandler der Welt, einer Welt, der die deutsche Bourgeoisie mittlerweile überdrüssig geworden, gerade weil es ihre Welt war, von ihr geschaffen, und die sie nun von Grund auf verändern wollte. Technischen Fortschritt und Pflege rassischen Erbes schöpferisch zu verbinden, das hieß nun die Rationalität und das Irrationale aufeinander zu verweisen, um verhirnte Intellektuelle segensreich aus ihrer Isolation zu befreien durch Anschluss an die vitalen Energien, die wahren Lebensmächte.

Wer die Stimme des Blutes überhöre, dem Rat der Gene nicht folge, überhaupt der Natur ihr Rechte verweigere, den natürlichen Menschen am besten darüber unterrichten zu können, wie er im Einklang mit ihr leben könne, statt naturwidrigen Ideen wie der Freiheit und Selbstbestimmung anzuhängen, verderbe das Volksguthaben. Das wurde in der Volksgesundheit zum prallen und fröhlichen Lebensgut, Hoffnung und Samen spendend für die Kommenden, die

die Fackel des Lebens übernehmen und vollenden, was ihnen zugedacht werde, das Leben zum Lebensfest endlich zu überhöhen. Ganz natürlich mit Hilfe der Wissenschaften des natürlichen Lebens, der Biologie, der Rassenkunde als Anthropologie und Soziobiologie sowie der Vor- und Frühgeschichte als Mythen- und Volkskunde. Der Abschied von der Geschichte, der nach dem totalen Zusammenbruch aller mythisierten Erwartungen für kurze Zeit unterbrochen wurde, bot sich als Ausweg unter dem Eindruck des »Wirtschaftswunders« abermals an. Die Auferstehung Restdeutschlands als Westdeutschland und dessen Wiederbelebung verdankte sich der Wirtschaft, den wirtschaftenden Kräften in der Gesellschaft, aber nicht dem Staat.

Der Staat hatte »abgewirtschaftet«, er führte in die Katastrophe, obschon es doch eher eine Partei war, die sich des Staates bemächtigt hatte, die immer Bewegung bleiben wollte, auf die totale Mobilmachung setzte und gerade staatlichen Institutionen mit ihrem berechtigten Eigenleben misstraute. Der Staat meint ja die Ruhe, den *status,* die Statik. »Herrschen heißt Sitzen – auf dem Thron, der *sella curulis,* dem Ministersitz, dem Heiligen Stuhl. ... Herrschen ist weniger eine Angelegenheit der Faust als des Sitzfleisches«, das gab vergeblich Ortega y Gasset den Beschleunigern zu bedenken und den motorisierten Gesetzgebern. Vom Staat, von der Politik, von ihrer Unheilsgeschichte waren die Westdeutschen gründlich enttäuscht. Davon wandten sie sich ab. Sie verließen sich, wie sie unter Adolf Hitler gelernt hatten – »freie Bahn dem Tüchtigen« –, auf sich selbst und ihre Verbindungen. Sie vertrauten der Gesellschaft, wie nun das Volk umbenannt wurde, und nicht dem Staat, vor allem aber glaubten sie an die freie Wirtschaft, die befreiende Marktwirtschaft, an die Segnungen von Handel und Wandel, gespendet von der unsichtbaren Hand. Den Marschallstab hatten sie noch immer im Tornister, der von Adolf Hitler den Leistungsträgern, den Leistungswilligen und Leistungsfrohen dort hineingelegt worden war, damit Leistung sich doch unübersehbar wieder lohne und Trägere ansporne, sich nützlich für das Große und Ganze zu machen. Jeder trägt Verantwortung im Lebenskampf als notwendigem und fruchtbarem Ausleseprozess für die nationale Arbeit des schaffenden und nicht raffenden Kapitals. In der großen nationalen Betriebsgemeinschaft ist jeder zum Mitkämpfer aufgerufen, in dem Kräfte ruhen, die geweckt und gestärkt, gefordert und gefördert sich in gemeinsamer Pflichterfüllung, getragen vom leistungswilligen Arbeitsethos, ausleben lassen. In der Hymne vom Schweiß verklärte Karl Bröger in diesem Sinne den Deutschen: »Herrlicher sah ich dich nie / denn in deiner Arbeit Volk, / und weiß um keine Andacht, größer als diese Andacht / vor deinem ewig strömenden Schweiß.«

Von den neuen und jungen Eliten mit Führerqualität, gar nicht schwitzend, wurde erwartet, unbürokratisch, beweglich, verantwortungsfreudig, engagiert und unkonventionell zu sein. Volk und Nation waren nach langen Gewaltmärschen in Scherben zerbrochen. Gewohnt, Überraschungen sportlich als Herausforderung aufzufassen, stürzten sich die immer noch jungen und dynamischen Gründer, bald Manager genannt, auf die Märkte, um aus ihnen einen Markt zu bilden, der eingebunden ist in den weltweiten Markt. Das Symbol ihres Überlebens und Aufbauwillens war die Deutsche Mark. Sie ersetzte als Großmacht auf dem Weltmarkt alle gescheiterten politischen Machtbegeisterungen und bestätigte, wie viel effizienter es doch ist, sich auf Konjunkturen zu verlassen und friedliche Heerscharen von Arbeitern strategisch für Markteroberungen einzusetzen, statt Humankapital sinnlos in politisch-militärischen Machtspielen zu verschwenden und zu vernichten. Die Wirtschaftsgemeinschaft der Arbeitenden, der Tüchtigen und Ehrgeizigen und

Erfolgreichen trat an die Stelle der Volksgemeinschaft. In der Harmonie von Arbeitgebern und Arbeitnehmern vollendete sich der Auftrag, der Attinghausen in Schillers »Wilhelm Tell« den künftigen Schweizern zur Pflicht machte: Seid einig, einig, einig.

Ohne Schwierigkeiten verschworen sich die Westdeutschen, vertraut mit der »nationalen Arbeit«, ein einig Volk von brüderlich verbundenen Produzenten und Konsumenten zu sein, die gerade in Not und Gefahr zueinander stehen. Die nationale Arbeit hieß jetzt Bruttosozialprodukt. Not und Gefahr verursachen Politik, der Staat, die Ideologie, egoistische Mächte, die Mächte der Geschichte, die Gutwillige verführten und in die Katastrophe geführt hatten. Erlösung kommt nur vom Markt und seinen freien Bewegungen. Das begriffen ehemalige Hitlerjungen und fortgeschritten Nachdenkliche aus der ehemaligen SS sofort. Strategie und Taktiken, mit denen sie vertraut waren, erwiesen sich auch dort als nützlich, aber nicht mehr um zu erobern, sondern friedlich die Welt zu durchdringen, Märkte zu erschließen und dabei zu sein, wenn sich wenigstens die westlichen Mächte zu einer Welt zusammenschließen. Das einig Volk von Hitler verzauberter »Arbeiter der Stirn und der Faust« – obschon keiner mit der Stirn oder der Faust zu arbeiten vermag – machte sich unverdrossen zu neuer Arbeit am Mythos auf: dass trotz allen Wettbewerbs der Markt den Menschen dazu verhelfe, sich als Menschen zu begegnen und zu verstehen, damit der Mensch schlechthin den Mitmenschen als Mensch schlechthin behandeln könne. Auf ihm werden alle Menschen Brüder im Tausch und Plausch und im gemeinsamen Genuss aller Gaben, die der freie Markt mit seinen sprühenden Götterfunken zur Freude aller im Überfluss bereithält. Der Bürger und Staatsbürger wurde vom Menschen in den Hintergrund gedrängt, vom Menschen, der in der phantastischen Gruppe für Sensationen sorgt oder als Kaufkraft auf seinen souveränen Rechten beharrt: Hier bin ich Kunde, also König.

Die Westdeutschen übernahmen die ökonomischen Verheißungen, weil sie unpolitische waren und doch die Überlegenheit des Westens veranschaulichten: seinen Lebensstandard, den der freie Markt ermöglichte, seinen Wohlstand und seine Vollbeschäftigung, alles gefeiert als Synonym für die westliche Freiheit. Immerhin hatten der Markt und die Mark die tüchtigen Westdeutschen besonders gesegnet und ihnen bestätigt, gut zu sein im Lager der Guten, das sich mehr über wirtschaftliche Kraft und einander belebende Finanzströme definierte als über Demokratie, die mit schlichten Sitten und nicht mit Luxus verknüpft war. Die ökonomisch-kapitalistische Mentalität, allein auf den Erfolg, den Umsatz konzentriert, trachtete ohnehin danach, anachronistische Überbleibsel der vorkapitalistischen Epochen zu beseitigen und auszusortieren. »Wir blicken nicht zurück, sondern nach vorn. Damit wird die Zeit, die Vergangenheit ebenso wie die Zukunft geleugnet. Was zählt, ist allein der gegenwärtige Augenblick«, wie Friedrich Giedion in den Vereinigten Staaten 1948 unfroh beobachtete. Er sprach vom Mord an der Geschichte, aber den betrieben ja auch schon die Nationalsozialisten, weshalb sie sich durchaus mit den bourgeoisen Kapitalisten verständigen konnten. Insofern ist es nicht weiter verwunderlich, dass sich die Westdeutschen damit begnügten, die Bundesrepublik als einen Zweckverband einzurichten, der seinen Sinn aus den Gewinnbeteiligungschancen empfängt, die er nicht nur wie im Nationalsozialismus verspricht, sondern in wachsendem Maße gewährt. Ausgerechnet ein Christ und kluger Parteipolitiker wie Konrad Adenauer räumte dem rein wirtschaftlich-technischen Denken eindeutig die Vorherrschaft ein, dem sich alles unterzuordnen habe.

Manche, die sich nicht damit begnügen wollten, ihr Büschel Wohlstand friedlich zu kauen, wie Friedrich Sieburg von der Frankfurter Allgemeinen Zeitung, hielten es für eine der niederschmetterndsten Erscheinungen des öffentlichen Lebens, dass »die Wirtschaft« zum absoluten Wert erhoben würde, zum Schicksal, deren Interessen mit denen der Allgemeinheit zusammenfielen, sodass die Demokratie sich nahezu darin erschöpfe, der Marktwirtschaft als williges Instrument zu dienen. Besorgt um den sittlichen Kern des Individuums zweifelte Sieburg entschieden, ob der ohnehin verunsicherte Deutsche, dem all seine Traditionen fragwürdig geworden waren, als freier Verbraucher zur Ausbildung seiner moralischen Natur gelange. Vielmehr könne er als Opfer des Absatzterrors in ganz erhebliche Abhängigkeiten geraten, die endlich die letzten Regungen erstickten, sich selbst frei und unabhängig zu behaupten. Das Individuum befand sich, wie er traurig vermutete, allenthalben auf dem Rückzug, hilflos stets neuen Verlockungen ausgesetzt, denen zu widerstehen einige Kraft kostete, denen es freilich auch gar nicht widerstehen sollte, weil dann der Umsatz zurückgehen würde. Der Konsum konnte mit seinen Freuden nicht die Leere füllen, die sich im deutschen Gemüt dort ausdehnte, wo andere Völker, auch zur Konsumpflicht angehalten, wenigstens noch letzte Reste von sittlichen Vorstellungen, gesellschaftlichen Tugenden und historisch-politischen oder staatsbürgerlichen Überzeugungen vorfanden. Die Langeweile, ein ganz modernes Phänomen, erschien ihm am drückendsten in Westdeutschland ausgeprägt, diesem bequemen Paradies ohne Freude und Muße, wo selbst die Freizeit zum anstrengenden Betrieb ausarte.

Dauerndes Wachstum, Wohlstand für alle, ein gut funktionierendes Sozialsystem, eine starke Deutsche Mark, der Rang eines Exportweltmeisters und nach den Vereinigten Staaten die wichtigste Wirtschaftsmacht zu sein verschaffte den Westdeutschen die Genugtuung: Wir sind wieder wer.

Sie brauchten kein Pathos, sie hatten Geld, gutes Geld, und damit konnten sie Eindruck machen und Neid erwecken. Der Staat, dem mehr und mehr Regelungsbedarf zuwuchs, veranschaulichte sich in seiner weiterhin vorzüglichen Verwaltung. Daran hatte die Demokratie nichts geändert. Die Parteien waren künstliche Gebilde, Funktionärsbürokratien mit einem mächtigen Eigenleben, weit abgesondert von der gesellschaftlichen Wirklichkeit. Als Funktionäre kokettierten Abgeordnete alsbald wieder damit – wie schon in der Kaiserzeit und in der Weimarer Republik –, dass sie viel zu viel in den Ausschüssen zu tun hätten, um ihre Zeit bei nichtsnutzigen Debatten im Plenum zu verschwenden. Das war nicht einmal falsch, aber deshalb blieb der Bundestag eine Einrichtung aus dem 19. Jahrhundert, der wenig Aufmerksamkeit geschenkt wurde, weil er sich kaum darum bemühte, ein öffentliches Forum zu sein, auf dem über das gesprochen wird, was alle angeht. In der Regel wurde Parteigezänk mit politischer Diskussion verwechselt und Opposition für eine Störung der Apparate und ihrer geräuschlosen Funktionstüchtigkeit gehalten.

Der Staat fiel nicht weiter auf. Er machte sich nahezu unsichtbar. Eine Staatsidee gab es nicht – Ideen hatten sich endgültig erschöpft, und die Deutschen fühlten sich wohl dabei, vom Staat nicht belästigt, höchstens fürsorglich angesprochen zu werden. Der Vater Staat, der auch schon einmal befehlen oder strafen konnte, wandelte sich in einen Mutter-Staat, der es gut meint, Ratschläge erteilt und schmollt, wenn der Bürger nicht dankbar genug reagiert. Es gab eine Armee, so unauffällig wie ihre Uniform. Trotz des Kalten Krieges mangelte es den Westdeutschen an militärischer Begeisterung und vor allem am Willen, ihre Truppen je einzusetzen. Kriege führen die anderen, Deutschland leistet einen teuren symbolischen Beitrag zur Abschreckung und genießt seine Ferien vom Ich und der Geschichte. Auch der erwünschte Antikommunismus genügte nicht, um den Zweckverband geistig aufzuladen. Zu viele hatten in der »Zone« Verwandte, kannten deren Lebensverhältnisse, bedauerten sie, weil sie viel leisteten und sich doch nichts leisten konnten. Die Westdeutschen gingen ins Amerikahaus, um gute Gesinnung zu zeigen, und feierten anschließend Bert Brecht, mit dem sich anständig verdienen ließ. Das allein war ausschlaggebend. Mit solchen schlauen Ohne-mich-Strategien ließ sich ein Wirtschaftswunder alltäglich wiederholen, aber kein Staat machen. Irgendwie muss aber doch ein Staatsgebiet und seine Staatsverwaltung mit seiner Bevölkerung als zusammengehörig gedeutet werden, weil die wirtschaftlichen Interessen allein nie den Einzelnen vergesellschaften können. Das war die fürchterliche Angst derer, die sich fürchterlich vor dem Patriotismus ängstigten. Die NSDAP hatte den Volksgenossen – übrigens in kulturprotestantischer, liberaler Tradition –, die Leistungen von der Gemeinschaft empfingen, inständig eingeschärft, selber wieder mit Leistungen an die Gemeinschaft sich gesellig und einsatzbereit zu erweisen.

Während des Wirtschaftswunders blieben solche Aufforderungen unvergessen. Um dem Wunder Dauer zu verleihen und dem Provisorium Bundesrepublik eine sittliche Grundlage zu schaffen, musste der Einzelne unaufdringlich, doch auch ein bisschen feierlich-rührend nicht mit dem Staat, doch mit der Gesellschaft oder dem Gemeinwesen in Zusammenhang gebracht werden, mit einer Ordnung, die er als seine, ihm bekömmlich und anregend verstehen und ein wenig lieben sollte. Die BILD-Zeitung hatte dieser Sehnsucht den Weg gewiesen: Seid nett zueinander. Jürgen Habermas erweiterte diese knappe Devise anschließend zu seiner ausschweifenden Diskursethik. Die Bourgeoisie ist die diskutierende Klasse, die weder gehorchen noch befehlen kann, wie es seit der Mitte des 19. Jahrhunderts bei dem

Spanier Donoso Cortés und dem Italiener Ippolito Nievo heißt. Deswegen musste der individualisierte Bürger gelegentlich zur Ordnung gerufen, in eine verpflichtende Ordnung eingebunden werden, die ihm das Sprichwort erfahrbar machte, dass Reden oft Silber, Schweigen aber meist Gold ist. Das Diskutieren oder der Verzicht darauf, beides kann ungemein wertvoll sein, zumal in einer werthaltigen Zeit, die sich mit Wertlosem nicht abgibt. Für das, was auf dem Markt das ganz Besondere, Vorzügliche, fast Unvergleichliche ist, das allgemein anerkannt Wertvolle, musste es doch eine Entsprechung in anderen Gebieten der Öffentlichkeit und des Zusammenlebens geben.

Verfassungspatriotismus als Zivilreligion

In einer Gesellschaft, die mit Werten rechnete und alles, was sich nicht rechnete, als wertlos verwarf, war es daher naheliegend, die Sittlichkeit, das Wohlverhalten und die Gesinnung berechenbar und damit wertvoll zu machen. Da die Westdeutschen weder dem Parlament noch der Regierung noch der Armee übermäßig vertrauen wollten, überhaupt anschaulichen Repräsentanten von Nichts misstrauten, suchten sie in Werten einen Halt, der ihnen Mut verleiht, im Nächsten nicht nur einen Geschäftspartner zu achten. Also seid nett zueinander. Unter diesem Imperativ wurde ihnen das Grundgesetz als Wertordnung von Politologen, Soziologen, Philosophen und auch von Juristen trotz des energischen Einspruchs einiger Kollegen – von Ernst Forsthoff über Ipsen bis zu Ernst-Wolfgang Böckenförde – nachdenklich ans Herz gelegt. Eine Verfassung soll den Tag überdauern und Beständigkeit im Wandel verheißen. Die Nation, das Vaterland und mit beidem der Patriotismus und die zu ihm gehörenden Leidenschaften weckten nach der Katastrophe des Nationalsozialismus höchstens Misstrauen,

Skepsis und Zweifel. Von Idealen und dem Idealismus mochten die meisten desillusioniert nichts mehr hören. So blieb nur die Flucht in die Werte, da jeder ohnehin auf Sachwerte setzte. Ungeachtet der Erfahrung, die der Staatsrechtler Hermann Heller 1929 aussprach: »Ein im Zentralsten erschüttertes Lebensgefühl sucht heute nach berechenbaren Sicherheiten, die keine geisteswissenschaftliche Erkenntnis zu bieten vermag.« Zu den geisteswissenschaftlichen Angeboten gehörte abermals der Versuch, Werte als der Zeit entrückte Wesenheiten auszugeben, die dem schwankenden Individuum Kraft verleihen, um aus dem zu leben, was immer gilt. Schon um 1929 hatte sich bestätigt, dass die Werte ohnmächtig wie das beliebige Subjekt sind, weil heillos subjektiv.

Sie boten vor dem Nationalsozialismus keinen Schutz und erwiesen sich als willkürliche Postulate. Diesmal sollten sie mit der Verfassung verbunden von ihr Stabilität und Substanz empfangen. Das Grundgesetz wurde als Wertgefüge, Wertsystem, Wertordnung oder wertgebundene Ordnung mit einem dazu gehörenden Menschenbild zu einem Buch überhöht, das wegen der Unkündbarkeit der Grundrechte für alle Zeiten gültig, den Charakter eines heiligen Buches bekam und den beschworenen Werten darüber Ewigkeit und nahezu religiöse Weihen verlieh. Die freiheitlich rechtliche demokratische Grundordnung, die alle Bürger verpflichtet, wurde allmählich als geistige Gemeinsamkeit zu einer Art Zivilreligion erhoben, deren Kultformen ein zweckrationaler Verfassungspatriotismus regelt. Damit beginnen schon die Widersprüche. Eine Religion ist Glaubenssache, auch eine Art von Zivilreligion will geglaubt und – wie jeder Glaube – gelebt werden. Es herrscht allerdings Glaubensfreiheit im Geltungsbereich des Grundgesetzes und keiner kann dazu genötigt werden, die Grundrechte – die verbriefte Rechte sind – wie religiöse Gebote zu würdigen. Ihre Würde beruht darauf, Ziel und Zweck des Staates zu sein, der sie als Rechtsstaat vor jeder Verletzung sichert. Rechte können nur durch das Recht erhalten und geschützt werden.

Nicht ein Menschenbild des Grundgesetzes und ihr gemäße Verfassungslyrik erlauben ein Leben in Freiheit, vielmehr kann sich die vorstaatliche, dem Menschen eigene Würde und Freiheit nur im Staat und unter dem Schutze des Rechtes entfalten. Deswegen vermied das Grundgesetz ein Grundrechtssystem. Es kennt nur grundrechtlich gesicherte Lebensbereiche, weil es Freiheit nach deutscher Überlieferung nur im Recht geben kann. Die zivilreligiöse Auslegung der Grundrechte – von der sich das Bundesverfassungsgericht längst wieder zurückgezogen hat – schwächt das Verständnis der freiheitlich rechtlichen Grundordnung. »Eine Verfassung ist keine ›antistaatliche‹ Veranstaltung, sie organisiert und gestaltet das Gemeinwesen als politische und rechtliche ›Entscheidungs- und Wirkungseinheit‹«, woran Horst Ehmke unter Berufung auf Hermann Heller 1973 erinnerte. Die oft beschworene, in die Verfassung hineininterpretierte Wertordnung hat ja ein Spitze gegen den Staat, weil die Werte angeblich über dem Staat stehen und im Namen der Werte gegebenenfalls der Staat zur Ordnung gerufen werden kann. Das erhöht nicht den Schutz der Grundrechte, sondern darüber bricht die Willkür der Deutung und der subjektive Anspruch, als Verteidiger höchster Werte gehört zu werden, in das Verfassungsleben ein. In einer politischen und rechtlichen Entscheidungs- und Wirkungseinheit gewinnen Rechte keine höheren Weihen, wenn man sie zu Heiligtümern erhöht und damit zu geisteswissenschaftlich begründetem Schmuck am Verfassungsbau entwürdigt.

Die Grundrechte sind substanzlos, sie müssen es sein, weil der Staat nicht berechtigt ist, dem Bürger in die Ausübung seiner Freiheitsrechte hineinzureden, sofern er nicht die Rechte anderer erheblich und sozial unverträglich bedroht. Der Staat ist kein Wertgestalter, er ist ein Notar, der zur Kenntnis nimmt, auf welche Art die Freien ihre Freiheit mit Inhalt füllen. Die Umdeutung der Freiheitsrechte in Werte kann diese gefährden, weil Wertsetzer im Namen ihrer bevorzugten Werte danach verlangen, diese zu realisieren. Wäre die Freiheit ein Wert, dann könnten die Wertefühlenden oder Wertschauenden in Anlehnung an das von ihnen je nach ihren Absichten entworfene Wertsystem des Grundgesetzes in Versuchung geraten, den Staat aufzufordern, den Bürger dazu anzuhalten, in ihrem Sinne »wertvoll« zu leben. Die Gefahr droht gar nicht so sehr vom Staat, sondern von Gruppen in der Gesellschaft, die über Parteien und Verbände die staatlichen Einrichtungen für ihre Interessen und Verwertungsabsichten einsetzen möchten. Dann kann – wie unter den Jakobinern der Französischen Revolution – das sogenannte Wertesystem konsequent als Aufforderung zur pädagogischen Einübung in die Gesinnungsgemeinschaft gedeutet werden und die Wertordnung mit der Bevormundung ein Bündnis schließen. Wird der Staat unter Berufung auf Tugenden oder Werte zum Wohlfahrtsausschuss, der sich um die physische und geistige Gesundheit der Bürger kümmert, dann verliert der Einzelne seine Recht und wird damit hilflos. Er wird zum Objekt, was seine Würde verletzt. Denn der Mensch hat keinen Preis und Wert, er besitzt seine Würde, die seine Freiheit und Selbstbestimmung begründet. »Vermöge der Autonomie der Freiheit ist die Person Mitträger der sittlichen Weltordnung und damit als Subjekt des moralischen Gesetzes Zweck an sich selbst«, wie Immanuel Kant sagte.

Sobald die Freiheit und Würde des Menschen zum Wert umgedeutet werden, wird ihnen der Boden unter den Füßen weggezogen, und sie geraten in einen Schwebezustand. Wäre die Freiheit ein Wert, würde dieser Wert wie sämtliche andere in die unvermeidliche Dialektik des Wertens, Aufwertens, Abwertens und Umwertens hineingezogen, und Freiheit und Würde lösten sich unter dem Druck der wechselnden Wertsetzer auf. Werte verlieren ihre Gültigkeit, sobald robustere Wertverfechter Konkurrenten bedrängen und verdrängen, um allein ihren Werten und Wertinterpretationen allgemeine Anerkennung zu verschaffen. Der höhere Wert verdrängt den minderen, doch allemal sind es Menschen, die dahinter stehen und ihren Werten Geltung verschaffen. Als Höchstwert wird seit einem Jahrzehnt die Sicherheit ausgegeben. Im Namen der Sicherheit werden zunehmend die Freiheitsrechte eingeschränkt, gerade in der »westlichen Wertegemeinschaft«, die ansonsten für Demokratie, Freiheit und Menschenwürde unausgesetzt wirbt. Auf einmal darf der Bürger vorbeugend überwacht und kontrolliert werden. Wer wegen irgendeiner Normabweichung – mittlerweile ein Bart oder eine Kopfbedeckung – auffällt, macht sich verdächtig, immer mit der abwiegelnden Beteuerung, wer sich nichts zu Schulden kommen lässt, braucht auch nichts zu befürchten.

Die Würde des Menschen, der Grundsatz, aus dem sich alle weiteren Freiheiten ergeben, ist unantastbar gewesen. Sie wird durch Abhören, Videoüberwachung, die verschiedensten Übergriffe in seine rechtlich geheiligte Privatheit zusehends infrage gestellt. Der Terror ist für Europäer keine neue Erfahrung. Gegen Ende des 19. Jahrhunderts fielen ihm Könige und Minister zum Opfer. Bei Anschlägen in Barcelona, etwa auf die Oper und eine Fronleichnamsprozession, gab es Hunderte von Toten. Der liberale Rechtsstaat war sich noch so sicher, dass er nicht aus Angst darauf verfiel, um sich der Anschläge zu erwehren, die bürgerlichen Freiheitsrechte einzuschränken. Im Kampf gegen den Terror steht auch zunehmend das elementare Recht des Menschen zur Disposition, an seinen Gott zu glauben, ihm zu dienen und sich eine Vorstellung von der Welt zu entwerfen im Sinne seiner Religion oder seiner philosophischen Präferenzen und historischen Bildung. Herrscht erst einmal der Verdacht, wie unter den Jakobinern, hilft auch die beste Verfassung nichts. Der Bürger, sobald verdächtigt, ist schon verurteilt. Dies alles geschieht mittlerweile, um eine Wertegemeinschaft zu schützen, die dadurch als Rechtsgemeinschaft »entwertet« wird und der ihre Rechtssicherheit verlorengeht. Je mehr die Werte die Rechte bedrängen, desto mehr müssen feierliche Redensarten einen moralisch-politischen Sinngehalt der Wertgläubigkeit vortäuschen, um ein mögliches Misstrauen zu entkräften. Diesem Zweck dienen ausgerechnet Ausflüge in die Geistesgeschichte, in die Sphäre der grundsätzlichen Vieldeutigkeit, weil der Geist nun einmal weht, wohin er will oder wohin ihn zeitgemäße Windströmungen treiben.

Paul Kirchhof spricht in lyrischer Stimmung vom Verfassungsbaum, aus dessen Geäst Werte wachsen und der im Erdreich aus Humanismus, Christentum und Aufklärung wurzele. Der Lissaboner Vertrag schöpft »aus dem kulturellen, religiösen und humanistischen Erbe Europas«, um die Werte der Union aufzuzählen, und feiert sich im Artikel 1 als eine Gesellschaft, »die sich durch Pluralismus, Nichtdiskriminierung, Toleranz, Gerechtigkeit, Solidarität und die Gleichheit von Frauen und Männern auszeichnet«. Das alles klingt erst einmal eindrucksvoll und soll ja auch nur Eindruck machen. Denn alle Werte sind äußerst umstritten und unklar. Was bedeutet christliches Erbe in einem Europa, das sich rapide entchristlicht, übrigens unter dem Beifall radikaler Laizisten, und in dem das Kreuz höchstens als Schmuckform in Diskotheken noch präsent ist? Wenn schon christliches Erbe – in welcher Nuancierung? Es gibt mehrere Religionsgemeinschaften und Kirchen, die recht verschiedene Auffassungen vom christlichen Glauben hatten, Häretiker und radikale Sekten, Einsiedler, Mystiker, »die Stillen im Lande« oder energische Vertreter der Gemeinschaft von Thron und Altar. Nicht alle Wege führen nach Rom, und nicht alle christlichen Spuren lenken die Schritte hin zu Pluralismus, Nichtdiskriminierung und Toleranz. Erst recht nicht zur Demokratie, vor der sich auch klassische Amerikaner im frühen 19. Jahrhundert fürchteten, sonst hätten sich die Wähler der »grand old party« in den Vereinigten Staaten nicht Republikaner genannt im Gegensatz zu den Demokraten.

Der Humanismus kennt viele Spielarten. Die wenigsten Humanisten waren Demokraten oder Frauenversteher. Der Unterricht ihrer Umgangssprache Latein wurde bewusst im Zuge der europäischen Einigung eingeschränkt, weil die praktisch-technische Gegenwart und der Markt auf sie nicht mehr angewiesen sei. Heute lebt seit 2000 Jahren die erste Generation in Europa, die kaum noch von einem Hauch der Latinität berührt worden ist. Griechisch, die Sprache unserer Philosophen und Ästheten, ist weitgehend unbekannt geworden. Ein erheblicher Teil unseres kulturellen Erbes gerät wegen dieser Sprachlosigkeit in Vergessenheit oder ist schon unverständlich geworden, nicht zuletzt aufgrund deutscher und europäischer Wertarbeit im Bildungswesen und dessen wechselnden Reformen. Vollends paradox wirkt die dauernde Beschwörung »der Aufklärung«. Welche Aufklärung soll es denn sein? Die von Voltaire, dem die Demokratie abscheulich war, oder die von seinem Feind Rousseau, der für die Demokratie schwärmte, aber für keine zweckrationale, sondern für eine von Leidenschaften bewegte, für die Selbstbestimmung Freier und Begeisterter? Mit dem Marquis de Sade lässt sich kein Staat gründen, mit Diderot wohl eine liberale Republik, aber kein Sozialdemokratismus. Die Aufklärer mochten fast alle Antiklerikale sein, doch die meisten bemühten sich, nicht in den Verdacht des Atheismus und der Gottlosigkeit zu geraten, den heute keiner mehr scheut.

Außerdem hatten die meisten unter ihnen immer Schwierigkeiten, die Freiheit des Menschen sicher zu bestimmen. Ist der Mensch ein Teil der Natur und ihrer Gesetzmäßigkeiten, wie kann er dann freier Herr über die Natur sein? Diese Schwierigkeiten lösten erst Kant, Schelling, Hegel, die in einem recht eigenen Verhältnis zu den unterschiedlichen Aufklärern stehen. Vor allem führt kein unmittelbarer Weg von der Französischen Revolution zu Pluralismus und Parteiwesen. Die Nation sollte die Einheit aller Franzosen demonstrieren über Feste, Symbole und Parolen. Pluralismus konnten sich die Revolutionäre nur als Verrat, als Verschwörung, als Parteigeist und Fraktionismus denken, der die Einheit sprengt und die einheitliche Gesinnung. Der einen Vernunft entspricht das eine vernünftige Volk mit seinem einheitlichen Willen. Gibt es Parteien, dann hat sich die Vernunft noch nicht durchgesetzt. Ganz abgesehen von ihrem Einheitsverlangen, das die Revolution gerade nicht zum Vorläufer eines pluralistischen Staates macht: Robespierre, Saint-Juste oder Désmoulins fürchteten, dass Pluralismus nicht festlich, formenreich und repräsentativ ist, dass er sich nicht veranschaulichen lässt. Er lässt sich nur leben und im Zusammenhang mit anderen erleben. Gerade davor hatten sie Angst. Verständlicherweise, weil sie die Bürgerkriege des 16. und 17. Jahrhunderts nicht vergessen konnten, die erst der in Frankreich nicht-neutrale, königliche Staat überwand.

Im Übrigen gehört zu den Ambivalenzen der verschiedenen Aufklärungen, dass sich sämtliche modernen Bewegungen gegen die Freiheit des Menschen und seine Rechte aus deren Gedankengut entwickelt haben. Es ist der Geist der Wissenschaft und der Fatalismus natürlicher Abläufe und Gesetze, auf die sich Rassisten, rassische Antisemiten, Sozialaristokraten, Sozialdarwinisten, überhaupt alle Naturalisten beriefen, die dem Menschen eine besondere Würde absprachen und seine Art über naturgemäße Züchtung veredeln wollten, die eine sittliche Vervollkommnung ersetzte. Wer immer im Zeitalter zunehmender Verwissenschaftlichung Einfluss gewinnen wollte, sah sich gezwungen, »wissenschaftlich« zu argumentieren, wobei es oft genug sogar geschulte Wissenschaftler waren, die den politischen Irrlehren Material und Methoden zur Verfügung stellten. Brave Bürger wie Alphonse Vacher de Lapouge erfanden den wissenschaftlichen Antisemitismus, ein kultivierter, eleganter Schriftsteller wie Arthur de Gobineau entwarf eine große, auf rassischen Gesetzmäßigkeiten beruhende Sozialgeschichte der Menschheit, und der Menschenfreund Karl Binding warb für die Vernichtung lebensunwerten Lebens. Es gibt keinen Aberglauben und Aberwitz seit 1750, der sich nicht mit dem Hinweis auf Wissenschaftlichkeit zu legitimieren versuchte. Die Stelle, die Gott im Denken und im Herzen eingenommen hatte, musste, weil ein peinlicher Leerraum, mit anderen Inhalten gefüllt werden, mit wissenschaftlich beglaubigten Glaubenstatsachen, die nicht zur Nachfolge, wohl aber zur Einsicht in deren unvermeidliche Übermacht verhelfen sollte.

»Civitas non est dux ad coelestia«, der Staat oder die Gesellschaft leitet nicht hin ins himmlische Reich, zu den ewigen Wahrheiten. Dieser weise Rat Papst Leos XIII. wird heute oft von Wertsetzern überhört, die aus Angst vor dem Pluralismus und seinem Relativismus von Gemeinschaft stiftender Zivilreligion reden, deren Offenbarungen im Grundrechteteil des Grundgesetzes enthalten sein sollen. Das Grundgesetz war nicht als Religionsersatz ersonnen worden, sondern als Rechtsordnung, um Bürgern zu garantieren, ihrer Freiheit unter rechtlichem Schutz gewiss zu sein. Das Grundgesetz vertraute auf das Recht, von Werten spricht es nicht. Wie sich der einzelne Bürger im Pluralismus zurechtfindet oder ob er daran verzweifelt, das geht »den Staat« und die Rechtsordnung gar nichts an. Gesellschaftliche Kräfte im Wettbewerb sollten ihrerseits so vernünftig sein, den Staat nicht als Instrument zu gebrauchen, um ihr Bild vom nicht rauchenden, nur *safer sex* treibenden, an seinen Cholesterinspiegel denkenden, Übergewicht vermeidenden und sich täglich trimmenden Verfassungspatrioten als Menschenbild des Grundgesetzes für jeden verbindlich zu machen. Das Grundgesetz lesen die Wenigsten, sie brauchen es auch gar nicht zu kennen, weil das Meiste praktische Organisationsformen – etwa den Föderalismus, die Gewaltenteilung oder das Finanzwesen – betrifft, an die man sich gewöhnt hat, selbst wenn sie sich, wie der Föderalismus, als untauglich erweisen. In der Welt als Geschichte lebt man immer in einer unvollkommenen Welt. Werte verlangen nach Ewigkeit, weil sie angeblich über der Zeit wesen und weben, wie ihre Verfechter verkünden. Deshalb entrücken die Wertordner das Grundgesetz insgesamt der Geschichte, weil die Grundrechte unabänderbar und für alle Zeiten gelten.

Doch sie sind gar nicht unabhängig von Zeit und Raum, wie sich unter dem Druck des Sicherheitswahns als Höchstwert ununterbrochen zeigt. Sollte sich die Gesellschaft darauf verständigen oder gezwungen werden, die Würde des Menschen geringer zu bewerten als die Sicherheit, vor allem die Sicherheit ihrer Werthüter, dann wäre die Freiheit als ein beliebiger Wert abgewertet und wertlos geworden und mit ihr der Mensch. Lorenz von Stein – noch kein Verfassungspatriot, nur ein kluger Beobachter Frankreichs und seiner Verfassungsgeschichte – bemerkte nach 1848 ganz nüchtern, »dass die Geschichte der Gesellschaft die Grundlage der Geschichte der Verfassungen ist, und zwar so, dass die Umgestaltungen der Gesellschaft den Umgestaltungen der Verfassung vorausgehen, und dass sie, wenn sie vollendet sind, die letzteren bedingen und erzeugen«. Diese Geschichtlichkeit behagt den Wertordnern nicht. Sie wollen bei allem Wertewandel eine ganz innerweltliche, praktische Organisationsform – die demokratische – heiligsprechen, in eine Heilsgemeinschaft umdeuten, zur Communio, wie die Heilsgemeinschaft der Kirche, zu der es keine Alternative gibt. Mit der Demokratie soll das Ende der Geschichte erreicht sein, die mit ihren Werten heraushilft aus dem Relativismus und dem Skeptizismus, an dem die Wertgläubigen so leiden. Diese Sehnsucht bestätigt, dass der Wert und das Werthafte, wie Martin Heidegger vermutete, als Ersatz für das Metaphysische dienen sollten.

Das erwarteten nach dem Ersten Weltkrieg die Propheten weltdurchdringender wertvoller Demokratisierung, deren Beweger die Vereinigten Staaten wären: John Dewey und George Herbert Mead. Der schöpferische, wertfühlende und wertschaffende Einzelne will aus sich heraus, aus seiner Isolation, ihn verlangt es nach Männern und Frauen. In der Abhängigkeit von einem größeren Ganzen vergewissert er sich seiner selbst in der Gemeinschaft mit den anderen seiner Würde und der Würde seiner Mitmenschen. Dieses religiöse Gefühl der Steigerung durch Verschmelzung lässt sich nur in der Demokratie erfahren. Das Medium, das die begeisternde Erfahrung ermöglicht, die mystische Vereinigung vieler zur Einheit mit Allen, ist die Kommunikation. »Kommunikation ist die wunderbarste Sache der Welt. Dass Dinge von der Ebene äußerlichen Stoßens und Ziehens auf eine Ebene übergehen können, auf der sie sich dem Menschen und dadurch sich selbst enthüllen; und dass die Frucht der Kommunikation Teilnahme, Teilhabe ist, ist ein Wunder, neben dem das Wunder der Transsubstantiation verblasst«, wie George Herbert Mead ergriffen verkündete. Nichts ist so erfüllend und belebend und belohnend wie die vollständige Übereinstimmung der Handelnden. Denn sie bringt das Gefühl des Aufgehens in einem Ganzen mit sich. »Gemeinsame Erfahrung ist das größte unter allen menschlichen Gütern.« Das macht das Leben sinn- und bedeutungsvoll. Damit öffnet sich ein Reich des Enthusiasmus, des Schwelgens im Glück übereinstimmender Gemüter, das jenseits des liberalen Rechtsstaates mit seinen Sicherheiten liegt. In diesem Reich des Wähnens und der Wahntraumdeuterei »ist die Erd ein Himmelreich / Und Sterbliche den Göttern gleich«, wie es in der »Zauberflöte« heißt. In einem solchen Reich wird die Zwietracht und der Zweifel endlich entmachtet sein, und in Eintracht beseligend vereinen, was lange getrennt und als unvereinbar galt. Diese Eintracht in der Lebens- und Wertegemeinschaft können nur noch nicht genug wertbewusst gewordene Vereinzelte stören.

Wer nicht fest im Glauben steht oder nur den Verdacht auf sich zieht, ein Glaubensschwacher zu sein, gerät in Gefahr, wie ein Häretiker behandelt zu werden. Die Reinheit des Glaubens muss dann vor jeder Bedrohung durch Unreine gesichert werden. Der Zwang zur *political correctness* ersetzt das *sanctum officium*, die Inquisition. Die Werteerziehung kann sehr lästig und bedrückend sein, doch sie kann nicht wehrhafte Demokraten erzwingen. Werte gelten. Gilt die Demokratie als Wert, braucht der Einzelne sich nur darum zu sorgen, als Demokrat zu gelten. Er muss es gar nicht sein. Er verbeugt sich vor deren Werten und kann sich, da er sie äußerlich anerkennt, in seinem Innersten alle nur möglichen Vorbehalte gestatten. Wo ein innerer Vorbehalt respektiert werden muss – und das gehört bislang zum europäischen Herkommen –, können unter solchen Voraussetzungen Werte nur als etwas Äußerliches gelten verglichen mit dem unermesslichen Reich des eigenen Ich. Wer ganz bei sich ist, schuldet der Welt, der Gesellschaft allerdings gar nichts. Das kann wertbewussten Demokraten nicht recht sein, die ja jeden erfassen wollen, damit jeder in ihrer Wertordnung zusammen mit allen zu sich findet. Eine Wertegemeinschaft als Glaubensgemeinschaft um ein heiliges Buch geschart widerspricht den Freiheitsbewegungen der europäischen Geschichte, die freiheitliche Ordnungen auf das neutrale Recht gründet, um eine Rechtsgemeinschaft, in der jeder geborgen hausen könne, vor den Ansprüchen auf Totalität zu schützen, die unweigerlich mit einer Wertegemeinschaft und Wertbewegungen verknüpft sind, weil die Wertgläubigen das Recht und seine Verbindlichkeit geringer bewerten als die Emanationen ihres Werteahnens und Wertwahns.

Man soll die Kirche im Dorf lassen, also den Glauben dort, wohin er gehört, in der Kirche. Man soll aber nicht das Dorf zur Kirche umgestalten, den Marktplatz zum heiligen Hain, in dem Wertergriffene harmlos wandeln.

KAPITEL V

Der unaufhaltsame Aufstieg vom freien Bürger zum bewertenden Kunden

Die Umdeutung einer Rechtsordnung in eine Wertordnung hat dem deutschen Staat nicht viel geholfen. Er hat darüber keine neue Würde gewonnen und steht weiterhin mit leeren Händen da. »Er kann zwar Machtmittel einsetzen, er kann Empfindungen des Unmuts mobilisieren, er hat sogar ohne Zweifel die überwältigende Mehrheit der Staatsbürger auf seiner Seite. Aber er ist außerstande, sich als eine geistig-politische Potenz zu artikulieren. In diesem Sinne hat man noch kein Argument von seiner Seite vernommen. Und die Wahrheit ist, dass er keines hat.« An diesem Befund Ernst Forsthoffs aus dem Jahr 1968 hat sich nichts geändert. Der Verfassungspatriotismus rückte den Staat sogar noch weiter in den Hintergrund, weil sein Kult einem Buch galt, Buchstaben und Worten, die ganz im Sinne des Gottesmannes Martin Luther die Schriftgelehrten nicht antasten und verändern sollen. Mit all seinen Abstraktionen und den dazu passenden lieblichen Allegorien beschäftigte er vorzugsweise die Sinnstifter, die einen Patriotismus ohne *patria* ihren Nationalverwandten verordnen wollten. An dem, was alle oder fast alle haben, ein Parlament, Redefreiheit, ein geordnetes Finanzwesen, Regeln für den Notstand und eine Wehrverfassung, soll sich der Deutsche als Teil der Menschheit erkennen und sich zugleich seiner wunderbaren Wertordnung erfreuen. Engländer, die gar keine Verfassung haben, denken an Rechte und Institutionen, an die lebendige Praxis, nicht anders die US-Amerikaner, denen ein verträumtes Nachschmecken stilistischer Feinheiten in ihrer *bill of rights* keineswegs als Zeichen hellwacher Staatsbürgerlichkeit erscheint, sondern als Hinweis auf verspielten Unernst liederlicher Bürger.

Der durchschnittliche Deutsche hält es mit der Offenheit des ehemaligen Innenministers Hermann Höcherl, er könne nicht den ganzen Tag über das Grundgesetz unter seine Achsel klemmen. Ihm genügt es zu wissen, dass es noch Richter gibt in Karlsruhe und Leipzig, die ihm zu seinem Recht verhelfen werden, falls er darin ernsthaft gekränkt würde. Deutsche prozessierten schon immer leidenschaftlich gern, sie wollten stets Rechthaber sein und bleiben, ganz gleich unter welcher Verfassung. Das Grundgesetz kennen sie in der Regel überhaupt nicht, was ihnen kaum zu verargen ist, denn beim Dämmerschoppen begeistern doch wahrlich andere Kellergeister als die Kobolde, die von der Organisation der Bundesverwaltung raunen. Überkommt die Deutschen so etwas wie Freude an sich selbst, dann bei Fußballspielen und anderen Wettkampfereignissen, wenn sie sich dabei siegreich behaupten. In solchen Momenten hüllen sie sich in ihre Fahne, wie es die übrigen Bewohner dieses Sternes tun, umarmen jeden Nachbarn als Bruder, ganz gleich woher er kommt – auch Kölner können plötzlich in Düsseldorfern Menschen erkennen –, öffnen noch eine Büchse Bier, geben den Rauchern Feuer und feuern den aus der Gemeinschaft, der als Nichtraucher und Antialkoholiker etwa an Artikel 2 der Verfassung erinnern möchte, nicht in der Entfaltung seiner Persönlichkeit durch solch gesundheitsschädliches Treiben verletzt zu werden. Spanische oder englische Sportfreunde, Weltbürger, die tatsächlich einmal die Welt bewegten, loben bei solchen Gelegenheiten überhaupt nicht, dass Deutsche etwa bei jedem neuen Bier erst einmal auf die Verfassung anstoßen, sondern dass sie ihr Bier großherzig mit ihnen teilen. Dazu hält sie nicht das Grundgesetz an, das entspringt den Kräften, denen die verfassungspatriotischen Wertverstäuber gar nicht trauen: der Leidenschaft, der Begeisterung und der Freude.

Über eine Verfassung, die Grundlage und der Rahmen der Normalität, wird gewöhnlich immer erst dann gründlicher nachgedacht, wenn sie verletzt wird oder die relative Stabilität der öffentlichen Zustände gefährdet ist. Sollte den Deutschen ihre Verfassung tagtäglich ein Anlass zu ernsten Diskussionen sein, verhieße das nichts Gutes. Es wäre ein Beweis dafür, dass mit ihrer Ordnung etwas nicht in Ordnung ist. Die Gleichgültigkeit dem Verfassungspatriotismus gegenüber bestätigt eindringlich genug, dass die Bürger keine grundsätzlichen Schwierigkeiten mit den Institutionen und den allgemeinen Verhältnissen in der Bundesrepublik haben, weshalb sie gar nicht deren Moralisierung zur Wertordnung bedurften. Die Mehrheit der Deutschen verlangt nach keiner anderen Republik. Die Zugehörigkeit zu zwei weiteren Wertegemeinschaften, die sich im Lauf der letzten zehn Jahre ausdrücklich so nennen, die NATO und die Europäische Union, verfeinerte in keiner Weise die Empfänglichkeit, Wertordnungen intensiv zu erleben. Der Inhalt des Lissaboner Vertrages ist den meisten weitgehend unbekannt geblieben, schon weil der Text allzu umständlich formuliert wurde und die verfassungspatriotischen Politiker keine Diskussion über diese europäische Verfassung wünschten. In der Präambel zu den Grundrechten heißt es vollmundig: »In dem Bewusstsein ihres geistig-religiösen und sittlichen Erbes gründet sich die Union auf die unteilbaren und universellen Werte der Würde des Menschen, der Freiheit, der Gleichheit und der Solidarität.«

Doch über nichts sind sich sämtliche Europäer so einig wie in ihrer Übereinstimmung, kein klares Bewusstsein ihres geistig-religiösen und sittlichen Erbes zu haben. Seit mehr als hundert Jahren sinnen sie zunehmend beunruhigt wie Goethes Epimetheus in »Pandora« über ihre Geschichte. Es gelang dem »Historiker« Epimetheus 1808, mitten im neuen Europa, das Napoleon zusammenzwang, nicht mehr, die vielen Einzelheiten, die Blumen zu einem Strauß oder Kranz zu vereinen. »Alles lös't sich. / Einzeln schafft sich Blum' und Blume / Durch das Grüne Raum und Platz. / Pflückend geh' ich und verliere / Das Gepflückte. Schnell entschwindet's. / Rose, brech' ich deine Schöne, / Lilie, du bist schon dahin!« An dieser geistigen Situation des Europäers hat sich seitdem nichts geändert, trotz unterschiedlichster Versuche, aus dem »trüben Reich gestaltenmischender Möglichkeiten«, der Geschichte, Hinweise zu empfangen, wie die Krisen der wechselnden Gegenwarten am bekömmlichsten zu bewältigen wären. Aus der Geschichte kam kein Trost, sie unterrichtete nur darüber, dass alles vergeht und sich wandelt, wandeln und verwandeln muss, dass es keine Dauer und Stillstand gibt, nur Übergänge im ununterbrochenen Werden. Europa ist ein großartiges Kulturmuseum, das den Europäern freilich immer unverständlicher wird, weil sie die Sprachen ihrer Nachbarn nicht mehr lernen.

Europäische Staatsmänner wie Metternich und Bismarck beherrschten fließend neun Sprachen, obschon sie für den amtlichen Verkehr nur auf Französisch angewiesen waren. Aristokraten, Künstler, Intellektuelle jeder Art gebrauchten, weil in Europa unterwegs, durch Ehen und Freundschaften Europäer geworden, stets mehrere Sprachen. Die Europäer verstehen aber auch gar nicht mehr die Sprache der Bilder, die Sprache ihrer Dome und Schlösser, die weltdeutend von Ideen künden, die einmal das öffentliche Leben begeisterten und formten. Heute stehen sie als bedeutungslose, ästhetische Antiquitäten herum und bereichern als Blickpunkt die historischen Kulissen, die Vergnügungsviertel und Einkaufsstraßen als »Erlebniswelt« dringend benötigen. Deshalb werden Schlösser und Kirchen, falls zerstört, wieder aufgebaut. Zuweilen gewährt das Schlossportal – wie in Braunschweig – gleich Einlass in das Einkaufsparadies, in dem wirkliche Werte umgesetzt werden, an die in der Präambel zum Lissaboner Vertrag gleich erinnert wird, an den Personen-, Dienstleistungs-, Waren- und Kapitalverkehr sowie die Niederlassungsfreiheit. Diese Werte sind beim besten Willen nicht auf das geistig-sittliche Erbe angewiesen, mit dem sie in dem Text verbunden werden, sofern sie nicht im Warenverkehr – etwa in der Romantikproduktion – erfolgreich verwertet werden können.

Das alles macht »die Väter und Mütter« dieser Verfassung gewiss, »dass die Völker Europas, stolz auf ihre nationale Identität und Geschichte, entschlossen sind, die alten Gegensätze zu überwinden und immer enger vereint ihr Schicksal gemeinsam zu gestalten«. Von der nationalen Identität wussten die Europäer vor der Erfindung der Nation gar nichts, weil keiner in einem Nationalstaat lebte. Und leben gelegentlich noch mehrere »nationale Identitäten« in einem Staat zusammen, was nach den vielen Umsiedlungen, Vertreibungen und ethnischen Säuberungen im 20. Jahrhundert die Ausnahme ist, dann sind sie mit dauerndem Streit beschäftigt. Übrigens wurde der Verfassungspatriotismus in Deutschland ersonnen, um Deutsche von Deutschland, von der Nation oder dem Vaterland, also von ihrer Unheilsgeschichte abzulenken und »dialogfähig« zu machen für die Kommunikation mit den Weltvernünftigen in einer vernünftigen Welt. Stolz und nationale Identität hatten in einem solchen Projekt nichts zu suchen. Mittlerweile hadern aber sämtliche Europäer mit ihrer Geschichte, sind enttäuscht, beleidigt und fühlen sich je auf ihre Art zu kurz gekommen und benachteiligt. Ein erheblicher Teil von ihnen wäre zufriedener, die aufgenötigte nationale Identität abschütteln zu können, was in einem Europa der Nationen freilich unmöglich ist. Im vornationalen Europa lebten ohne Schwierigkeiten Völker und Sprachgruppen im gleichen Königreich. Der heilige König Stephan von Ungarn hielt vor 1000 Jahren ein Reich, in dem nur eine Sprache gesprochen wird, für einfältig und zerbrechlich. Das sind indessen alle europäischen Nationalstaaten, die sich nur schwer an das gewöhnen können, was sie sich untereinander versprechen: in Vielfalt geeint.

Alle finden eingewanderte Minderheiten, die sich nicht umstandslos im jeweiligen Nationalstaat assimilieren, lästig und gefährlich. Dabei handelt es sich auch um religiöse Minderheiten. Die säkularisierten Europäer fürchten die Wiederkehr des Glaubens oder der Religion, und sie fürchten vor allem eine Religion, von der sie so gut wie nichts wissen. Auf einmal wird ein christliches Erbe beschworen, das vielen genauso wenig vertraut und ansonsten nicht minder verdächtig ist. Der Mohammedaner, der Fremde beunruhigt die Ungläubigen, die Agnostiker, als ob die Beter in einer Moschee anschließend planten, über eine Islamisierung die europäische Kultur zu unterwandern und umzugestalten. Deshalb die Forderung nach Assimilierung, Integration und Verzicht auf eine Sonderstellung in der jeweiligen Nation. Die Verschmelzung soll die soziale Einheit vor Parallelgesellschaften bewahren. Doch die soziale Einheit ist ein Wahngebilde. Unsere Gesellschaft nähert sich wieder spätantiken Verhältnissen. Wie das späte Römische Reich ist Europa ein Einwanderungsland, auch kein christliches Europa mehr, sondern ein Europa vieler Religionen und vieler philosophischer Systeme. Das wird unweigerlich seine Kultur verändern, wie einst auch im alten Rom.

Die angeblich Fremden sind im übrigen gar nicht so fremd. Europa gehört zur Alten Welt, die seit dem Hellenismus tief nach Asien hineinreicht und das mittelmeerische Afrika umfasst. Auch im christlichen Mittelalter gab es kulturellen Austausch und rege Beziehungen. Unser Ritterideal, unsere höfische Liebe oder der Troubadourgesang hängen mit arabischen Einflüssen zusammen. Gemeinsame philosophische Überlieferungen und erst recht religiöse bieten genug Anknüpfungspunkte, in Vielfalt geeint zusammenzuleben. Das setzt freilich voraus, starre Systeme fiktiver Werte aufzugeben und unsere vielgestaltig werdende Spätantike anzuerkennen, um sich angemessen in ihr einrichten zu können, was heißt, sich wieder auf vornationale Gegebenheiten einzulassen. Im alten Europa gab es immer verschiedenste Parallelgesellschaften, die nebeneinander her lebten, vor allem sprachliche, weil es den Königen gleichgültig war, in welcher Sprache ihre Untertanen redeten, solange sie ihnen gegenüber die Treue wahrten. Einer der größten Europäer, Prinz Eugen, nicht nur für die Deutschen der edle Ritter, unterschrieb Dokumente als Eugenio von Savoy. Er verband auf diese Art die zwei Sprachen seiner Herkunft und die Sprache seines Kaisers und des Reiches, eines allerdings übernationalen Reiches, das sich dennoch nach der deutschen Nation nannte, weil diese berechtigt war, den Römischen Kaiser zu wählen.

Gleich nach dem Ersten Weltkrieg warnte Hugo von Hofmannsthal: »Nur die Banaliät des Geistes oder die Notwendigkeit, schnell zu praktischen Diskussionen überzugehen, kann die Idee ›Europa‹ und ihre Ableitungen ›Europäer‹, ›europäisch‹ für geistig gesicherte Begriffe ansehen; in der Tat gehören diese Begriffe zu den mindest gesicherten, und es ist eine sehr große angespannte Bemühung nötig, sie neu zu sichern.« Dieser Zustand hat sich im Laufe des vergangenen Jahrhunderts trotz der äußeren wirtschaftlichen Vereinigung rapide verschlimmert. Wertvolle Redensarten können daran nichts ändern. Im Gegenteil, die Banalisierung von Rechten zu geisteswissenschaftlich grundierten Werten, die unentwegt schwanken, weil von der Interpretation der

Wertfühlenden abhängig, deren Stimmungen und Erfahrungen im ständigen Wechsel begriffen sind, vermag gar nicht die Unsicherheit zu verhehlen, die mit der Devise »in Vielfalt geeint« überspielt werden soll. Den Markt, die Währung und die Wirtschaft, die wahren Gestalter und Wandler der kapitalistischen Welt, irritieren Unterschiede, Ungleichheiten und Eigenarten, sie brauchen Konformität, Anpassung, Koordination, Berechenbarkeit, um keine Zeit zu verschwenden und Kosten zu sparen. Sie wollen die europäische Vielfalt als ein historisches Überbleibsel überwinden und über Vereinheitlichung rationaler, bequemer, überschaubarer machen.

Unter den Zielen der Union werden genuin staatliche – Raum der Freiheit, der Sicherheit und des Rechtes – lapidar erwähnt, wirtschaftliche hingegen ziemlich präzisiert: Binnenmarkt mit freiem und unverfälschtem Wettbewerb, ein ausgewogenes Wirtschaftswachstum, Preisstabilität, wettbewerbsfähige soziale Marktwirtschaft, Vollbeschäftigung und sozialer Fortschritt, Umweltschutz und wissenschaftlicher sowie technischer Fortschritt. Dieser Katalog der Wünschbarkeiten weist auf die wirklichen Werte hin, die begehrt werden und der Europäischen Union ganz unmittelbaren Wert verleihen bei dem allgemeinen Verlangen in der Markt- und Wertewirtschaft nach Wertschöpfung und Gewinnbeteiligung. Im Vertrag über die Europäische Union 1992 wurde noch, zum Nutzen der Sachlichkeit, auf sinnige Wertarbeit verzichtet. Im Lissaboner Vertrag wirken deren Ergebnisse wie Zierrat, der eine nüchterne Fassade schmücken, oder wie ein gemütvoll eingefärbter Überbau, der die praktischen Zwecke umhüllen und verbrämen soll. Die Europäische Union kann sich ebenso wenig wie die Bundesrepublik als geistig-politische Potenz artikulieren, sie will es auch gar nicht, wenn ihre politischen Ziele fast ausschließlich wirtschaftliche sind. Die konsequente geistige Ergänzung materieller Werte ist deren Aufwertung zum systemischen Element in einem bunt schillernden Wertsystem.

Zu dem gehört seit 1999 auch die NATO. Bei ihrer Gründung fünfzig Jahr früher hatte sie konkrete Aufgaben, sich vor einem gemeinsamen Feind zu schützen. Obschon der Feind mittlerweile entfallen war und damit der Zweck des Bündnisses, wollte man nicht dem praktischen Rat Charles de Gaulles folgen, dass Bündnisse ihre Zeit haben, wie Rosen und junge Mädchen, sie altern und verblühen. Statt das Bündnis aufzulösen oder neu zu konstituieren, wurde einer militärischen Machtorganisation eine menschheitliche Aufgabe zugewiesen, überall einzugreifen, wo humanitäre Katastrophen zu befürchten oder schon eingetreten sind. Den Anlass dazu bot 1999 die Kosovokrise, als Bombenangriffe der NATO auf serbische Städte gerechtfertigt werden mussten. Javier Solana, damals Generalsekretär des Bündnisses, beteuerte, dass die NATO keinen Krieg führe, sondern nur eine humanitäre Katastrophe im Kosovo beenden müsse. »Wir haben eine moralische Pflicht, dies zu tun.« Die NATO ermächtigte sich selbst zum Wahrer sämtlicher höchster Werte, die den Guten teuer sind. Javier Solana und die NATO handelten wie die Briten im 19. Jahrhundert, die sich häufig aufgerufen fühlten, aus moralischer Empörung auf dem Balkan einzugreifen. Das Ergebnis war die »Balkanisierung« des Balkans, der nie mehr zur Ruhe kam. Die Kosovokrise war eine vorläufig letzte Folge einer insgesamt immer nur improvisierten Interventionspolitik, die eine Ordnung zerschlug, die von den Osmanen eingerichtet worden war, ohne für eine neue zu sorgen. Breite Worte und erhabene Parolen wurden gebraucht, um reine Interessenpolitik, vor allem in der Konkurrenz zu Russland, als selbstlosen Dienst an der Menschheit zu verteidigen, die ohne britischen Eifer um ihre Lebens- und Freiheitsrechte gebracht würde.

In Analogie zu dieser britischen Weltsendung, die längst die US-Amerikaner zu ihrer Bestimmung erhoben hatten, erklärte sich die NATO im April 1999 zur Wertegemeinschaft. »Wir sind unverändert entschlossen, denjenigen entschieden entgegenzutreten, die Menschenrechte verletzen, Krieg führen und Gebiet erobern ... Die NATO ist ein tragender Pfeiler einer größeren Gemeinschaft gemeinsamer Werte und gemeinsamer Verantwortung«, hieß es in der Washingtoner Erklärung vom 24. April. Auch ohne UN-Mandat müsse die NATO eingreifen, um überall aus humanitären Erwägungen heraus Krisen vorzubeugen, Krisen zu beenden und für den Frieden zu sorgen. Für Risikofaktoren hielt sie unter anderem Nuklearwaffen im Besitz anderer Mächte, die Verbreitung von ABC-Waffen, Akte des Terrorismus oder ethnische Säuberungen während bewaffneter Konflikte. Überall geht es darum, die Werte der NATO durchzusetzen, die zugleich universale Werte sind, Demokratie, Rechtsstaatlichkeit und Menschenrechte, wo immer sie gefährdet sind. Ob und warum sie bedroht sind, entscheidet die NATO als Organ des Weltgewissens. Javier Solana schwärmte von einem friedlichen, multiethnischen und demokratischen Kosovo, »in dem das ganze Volk in Sicherheit leben und die universalen Menschenrechte und Freiheiten auf einer gleichen Basis genießen kann«.

Der amerikanische Präsident Bill Clinton war weniger lyrisch bewegt; er verknüpfte klar die Werte mit den amerikanischen Interessen und sah seine Verpflichtung darin, aktiv zu werden, bevor den nationalen Interessen der Vereinigten Staaten dauerhaft Schaden aus vernachlässigten Krisen entstünden. Auf jeden Fall war das Ergebnis der Intervention humanitärer Wertergriffener, dass der Kosovo mit ihrer Hilfe nahezu albanisiert wurde und ein nicht lebensfähiger Staat entstand, der irgendwann für weitere Unruhe sorgen wird, wenn er nicht in einem Großalbanien aufgehen darf.

Die Selbstermächtigung zur Wertegemeinschaft, die eingreifen darf, ja muss, wo nach ihrer Meinung entschiedener Handlungsbedarf erforderlich ist, veranschaulicht eklatant die ideologischen Widersprüche in den wertefühlenden Subjekten, die ihre Angelegenheiten mit denen der Menschheit verwechseln. Die Vereinigten Staaten, um die herum sich die übrigen Verbündeten gruppieren, sind Misssionare der Freiheit, der Marktwirtschaft, der Demokratie und der Menschenrechte. Allesamt sind wichtige Ideale, die zur europäischen und amerikanischen Tradition gehören. Sie sind mitnichten universal. Die internationalen Organisationen, die sie übernahmen, wurden und werden von Europäern und US-Amerikanern dominiert. Der Westen und in seinem Namen die NATO erhebt allerdings den Anspruch, sie zu universalisieren, und zwar gemäß der Deutung, die er ihnen gibt.

Selbstermächtigung im Namen der Werte

Darin äußert sich ein unverhohlener Herrschaftsanspruch, die Welt nach westlichen Vorstellungen zu ordnen, die vielen Welten zu einer zusammenzufassen. Die amerikanische Mission, über Globalisierung, Demokratisierung, Universalisierung ihrer Mode, Musik, Filme und Sprache, die Amerikanisierung der Welt zum Wohle der Vereinigten Staaten und der Menschheit zu vollenden, bedarf einer »interesselosen« Verkleidung. Dafür werden die Werte herangezogen, die als zeitlose, schon immer vorhandene Wesenheiten den Menschen zur Einsicht in seine Bestimmung verhelfen und mit reiner Humanität die Unterschiede in den Religionen oder Weltanschauungen überwinden. Über diesen Umweg können die Verfechter westlicher Werte eben zum Dolmetscher für die gesamte Menschheit werden und sich selbst zum wahren Menschen erklären, der berechtigt ist, die anderen zu mahnen, zu erziehen oder zu bestrafen. Die Atlantische Allianz übernimmt die Mission der Vereinigten Staaten und wird selber zur missionarischen Veranstaltung. Für die US-Amerikaner ist das Böse immer außerhalb ihrer glücklichen Insel tätig, die NATO schließt sich dieser Vermutung an und erhebt sich selbst damit zum Reich der Guten und Edlen, die berufen sind, auf der Welt das Böse zu vertreiben.

Diese Selbstermächtigung führt unvermeidlich zur Selbstgerechtigkeit der von den Vereinigten Staaten angeführten Werthüter. Sie kämpfen gegen den Krieg, indem sie Krieg führen, sie halten Eroberungen für unsittlich und besetzen Staaten wie den Irak, sie finden die Verletzung der Menschenrechte empörend und foltern oder demütigen Kriegsgefangene, sie setzen sich für kulturelle Vielfalt ein und finden nichts dabei, wenn die Christen aus dem von ihnen eroberten Irak vertrieben werden oder Serben aus dem Kosovo, obschon sie doch gerade »Völkerwanderungen« als Kriegsfolge unterbinden wollen. Was Terror ist, bestimmen sie, die ununterbrochen Zivilisten töten und damit terrorisieren, jetzt in Afghanistan, gestern im Irak. Sie befinden darüber, welche Regierung anerkannt bleibt und welche gestürzt werden muss, und sei es mit Hilfe militärischer Gewalt. Nirgendwo ist die Welt sicherer geworden, wo sich diese selbsternannten Hüter der Werte einmischen, die sich vorstellen können, vielleicht auch im Iran oder in Pakistan einmarschieren zu müssen, unterstützt von Söldnertruppen, die Unternehmer finanzieren, die unbedingt als Gerechte auch am gerechten Krieg verdienen möchten. Der moralisierte Krieg der Wertvollen ist ein wertabwerfendes Geschäft, er kann gar nicht lange genug dauern. Die Vereinigten Staaten, die wichtigste Macht in der NATO, haben mit der Monroe-Doktrin seit 1825 ein Interventionsverbot für alle raumfremden Mächte in beiden Amerikas verhängt, ohne überhaupt die Ibero-Amerikaner zu fragen, ob sie damit einverstanden sind. Zugleich ermächtigen sie sich und das von ihnen geleitete Bündnis, »Schurkenstaaten« zu überwältigen, um eine »Achse des Bösen« zu verhindern. Die ganze Welt ist ihr Interventionsraum.

Wer ein Schurke ist, das ist in der Regel eine Frage des Datums, seit wann er sich antiamerikanischer Umtriebe verdächtig machte, ob der ehemalige Freund Milošević, Saddam Hussein oder Osama bin Laden. Die Wertbewussten veranschaulichen mit ihrer Macht, jeweils als objektiven Wertauftrag zu stilisieren, sobald sie ganz praktische und Gewinn verheißende wechselnde Interessen verfolgen, wie beliebig Werte verwertet werden können. Das macht sie so wertvoll auf dem Markt der Möglichkeiten, dem heilenden, Gnaden spendenden und Existenzen vernichtenden beim Kampf um Ölquellen, Pipelines und regionale Hegemonie. Statt einer sachlichen und rechtlichen Legitimation, die auch ein militärisches Bündnis nicht entbehren kann, garniert geisteswissenschaftliche Rhetorik einen unverhohlenen Willen zur Macht der Vereinigten Staaten, dem sich vor allem die Schwächeren unterordnen sollen. In dem Anspruch, die unverzichtbare Nation zu sein, wie Madeleine Albright 1994 die Vereinigten Staaten charakterisierte, äußert sich allerdings die Verlegenheit, dass dieser Anspruch schon angezweifelt wird, sonst würde er nicht trotzig erhoben. Die Welt befindet sich im Umbruch, weg vom Universalismus einer Macht und zurück zum Pluriversum wie einst unter der europäische Pentarchie, nun zu einer Konstellation mehrerer führender Staaten: Europas, Indiens, Chinas, Russlands und der Vereinigten Staaten. Sie wird sich auf keinen Fall der westlichen Ideologie beugen, die bislang die Vereinigten Staaten formulierten, ohne dabei grundsätzlich von den Europäern gestört worden zu sein. Aber der Wille, bedingungslos den Imperativen einer westlichen Wertegemeinschaft, die so widerspruchsvoll auftritt, zu folgen, schwindet in Europa, wo sich doch eine Ernüchterung bemerkbar macht, diese Wertbeteuerungen als einen feierlichen Vorwand für ungehemmte Interessenpolitik zu begreifen, bei der Werte das Mittel sind, um sich über Recht und Verträge moralisch erhaben hinwegsetzen zu können. Die Werte erweisen sich als destruktiv, sie wenden sich gegen das Recht oder höhlen es aus.

Der soziale Friede im Innern und der Friede unter den Staaten braucht das Recht; das allein gewährt Stabilität. Wer unbestimmte Werte anruft, die im raschen Wandel unserer sozialen und geistigen Verfassung je nach dem Augenblick mit seinen Bedürfnissen interpretiert werden, beruft sich auf höchst unbeständige, unklare Vorstellungen, die überrechtliche Beständigkeit suggerieren sollen, die sie gar nicht besitzen. Das Recht sichert relative Ordnung und wirkt zu Zeiten intensiver Beschleunigung, in denen auch der Gesetzgeber gleichsam motorisiert wird, als eine wohltätige Hemmung vor allzu überstürzter Anpassung an den sogenannten Wertewandel. Die einzige Garantie für eine Verfassung ergibt sich aus dem Willen der Staatsbürger, unbedingt an dieser Verfassung festzuhalten. Eine Verfassung kann aber sozialen Wandel oder Veränderungen in der Mentalität nicht aufhalten. Sie kann nicht starr der Wirklichkeit entgegengehalten werden, sie muss immer wieder dem Geist der »neuen Zeit« angeglichen werden, damit sie die Grundlage und der Rahmen für eine stets bewegliche Gesellschaft zu bleiben vermag. Der Konstitutionalismus, die Verfassungs- und Freiheitsbewegung, der Rechtsstaat gehören zur Geschichte des Bürgertums und einer bestimmten Bürgerlichkeit, die Individualisierung, das Recht auf Eigentum, Erbrecht und freie wirtschaftliche Betätigung als die Grundlage erachtete, um zusammen mit der Religions-, Kunst- und Wissenschaftsfreiheit in den Vollbesitz nicht menschlicher, sondern bürgerlicher Freiheit zu gelangen. Der Mensch kann seine Würde und Freiheit nur im Staat finden, im bürgerlichen Staat, dessen Staatsbürger er ist. Das war die bürgerliche Idee.

Die Verwechslung des Bürgers mit dem Menschen entsprach der gesellschaftlichen Verfassung unter der Vorherrschaft der Bürger seit der Revolution. Die Arbeiterbewegung, so stark sie gerade in Deutschland war, hat daran nichts ändern können; sie entfesselte den Kleinbürger, der dadurch seinen Platz in einer bürgerlichen Gesellschaft fand. Die Weimarer Verfassung und das Bonner Grundgesetz stehen in der bürgerlich-liberalen Tradition des Rechtsstaates. Das Grundgesetz setzt eine Bürgerlichkeit voraus, die es schon damals nicht mehr gab und die sich schon vor dem Nationalsozialismus in heilloser Auflösung und Verwahrlosung befand. Die Stifter des Grundgesetzes, meist alte Männer, die jung mit dem nie alt werdenden jungen Kaiser waren, wichen der sehr unbequemen Frage aus, ob ohne ein selbstbewusstes Bürgertum ein bürgerlicher Rechtsstaat überhaupt noch möglich ist und wie etwa eine Verfassung für eine tatsächlich unbürgerliche Gesellschaft formuliert werden könne. Alle Verfassungsstaaten scheuten und scheuen solche Auseinandersetzungen. Deswegen flüchten sich Europäer oder US-Amerikaner so stürmisch in übersoziale und immer gültige Werte, um nicht von solchen Fragen behelligt und beunruhigt zu werden. Der Abbau des bürgerlich-liberalen Rechtsstaates funktioniert, ungeachtet aller Wertbeschwörungen, nahezu reibungslos überall, weil es nur noch Menschen und keine Bürger mehr gibt. Die allgemeine Menschwerdung macht rapide Fortschritte.

»Die Menschen an der Ruhr« oder »die Menschen in Leipzig«, überhaupt »die Menschen draußen im Lande« und »vor Ort«, an die sich vorzugsweise Politiker wenden, sind offenbar etwas Würdigeres und Edleres als schlichte Westfalen,

Leipziger oder Deutsche. Als Mensch vertritt der Einzelne die Gattung, steht als Gleicher unter Gleichen in weiten Zusammenhängen, enthoben den beengenden Besonderheiten, die allerdings seine Unverwechselbarkeit und Individualität ausmachen. Der Bürger ist eine bestimmte, soziale und eine rechtliche Figur, der Mensch aber eine Abstraktion wie die Werte, die mit ihm verbunden werden. Erst in seiner *proprietas,* in seiner unterscheidbaren Eigentümlichkeit, wird er zu einer konkreten Gestalt, anziehend, unter Umständen umstritten oder abstoßend gerade für gute Menschen, die so genau wissen, was ungut ist. Wenn der Mensch aber vorzugsweise nur Mensch sein soll, dann stellt sich freilich die Frage, wer ihm denn seine unveräußerlichen Freiheitsrechte garantiert. »Die Menschheit« vermochte es bislang nicht und vermag es auch vorerst nicht. Als Mensch stünde »der Mensch« schutzlos da; wehrlos allen möglichen Verletzungen seiner Würde ausgesetzt, sucht er Zuflucht bei der Menschheit. Doch »der Mensch« – und das zeigt, wie redensartlich die Beschwörung »des Menschen« ist – erhält die Garantie seiner Menschenrechte in seiner Konkretion als Bürger im konkreten Staat. Die allgemeinen Menschenrechte sind, selbst wenn für jedermann formuliert, was nicht bei allen Grundrechten der Fall ist, zuerst und vor allem Bürgerrechte.

In einer nachbürgerlichen Welt und Gesellschaft ändern sich unvermeidlich die »Staatsbürgerlichkeit« und der Staat selber. Er ist gar nicht mehr auf die bürgerliche Mitbestimmung angewiesen, die sich im 19. Jahrhundert, dem Jahrhundert der Bürgermeister, vor allem in der Kommunalpolitik auslebte. Er bedarf der Fachmänner, technischer Spezialisten, die Pläne vorlegen, wie soziale Störungen, regionale Strukturkrisen oder bildungspolitische Systemschwächen behoben werden können. Das sind reine Sachfragen, die möglichst sachlich erörtert werden müssen und in denen der Politiker als Generalist erst einmal auch nur ein Laie ist, der detaillierten Rat braucht. Ohne unverantwortliche Gremien, Kommissionen, alle möglichen informellen Ausschüsse kann heute gar nicht mehr regiert werden, was den Parlamentarismus verändert. Nicht aus dem Parlament, aus der Gesellschaft kommen Lösungsvorschläge für erkannte Probleme – am bekanntesten, auch umstrittensten sind die sozialpolitischen, die mit dem Namen des Managers Peter Hartz verknüpft sind. Überhaupt stehen sich Staat und Gesellschaft nicht mehr getrennt gegenüber, sie vermischen sich, wobei der Staat mit seiner Verwaltung oft nur noch gesellschaftlichen Anregungen bereitwillig folgt. Mit dem Verschwinden des Bürgertums verloren bürgerliche Tugenden ihr verpflichtendes Ansehen, veränderten sich die Vorstellung von Ehe und Familie, von bürgerlicher Bildung, und vor allem verschwand die wichtigste Errungenschaft des Bürgertums, die klare Unterscheidung von privat und öffentlich.

Der überwachende Staat dringt aus Sicherheitsgründen in die Privatsphäre ein, hört Telefone ab oder speichert Daten, was viele Verängstigte sogar billigen, weil sie als Unschuldige nichts zu verbergen hätten, aber unbedingt Schutz vor Attentaten und terroristischen Anschlägen erwarten. Zugleich veröffentlichen in bislang ungewohnter Weise »Mitmenschen« freiwillig ihr Leben, ihre Gedanken und ihre Gefühle. Außerdem wird die Gesundheit zur sozialen Pflicht. Aus der Gesellschaft kommen Forderungen, Rauchverbote auszusprechen, möglichst Übergewichtige zu disziplinieren oder Vorsorge zu treiben, um Krankheiten zu vermeiden. Die ehedem bürgerliche Freiheit gerät von der Gesellschaft unter Druck, weil sie anders nuanciert in nachbürgerlichen Zeiten begriffen wird. Die Gesellschaft reicht abgestuft von den Reichen über die Besserverdienenden bis hinunter zu denen, die mit »Billiglöhnen« zufrieden sein müssen. Mit den verschiedenen Einkommensklassen sind keine grundsätzlich anderen Lebensformen verbunden. Ob arm oder reich – beide sehen die gleichen Ratespiele, Diskussionen, Sportübertragungen, Musikshows oder Pornofilme. Gerade die Sexindustrie und das erotische Spaßgewerbe ebneten endgültig die geschmacklichen Unterschiede ein.

Der unbürgerlichen Freiheit dort widerspricht keineswegs der Zwang zur politischen Korrektheit. Alte liberale Bürger hätten sie als eine Zumutung und eine erhebliche Minderung der persönlichen Freiheit und Meinungsfreiheit empfunden. Heute wird sie wie eine Selbstverständlichkeit behandelt, die das Leben erleichtert, weil sie sich auch auf alle möglichen geschlechtlichen Spielarten bezieht, die Anspruch auf korrekte Beachtung erheben. Neutralisierungen auf der einen Seite entsprechen Zwänge auf der anderen. Die Vorstellungen von Tugend und Laster haben sich erheblich geändert. Das Grundgesetz erwähnt noch die öffentliche Ordnung und das Sittengesetz. Über das Sittengesetz gibt es keine verbindlichen Vorstellungen; zur öffentlichen Ordnung gehört es, sich politisch korrekt zu verhalten und nicht durch eigenwillige Ansichten oder Urteile aufzufallen. Anderenteils schwindet die neutrale Gleichgültigkeit den Religionen gegenüber und nimmt die Bereitschaft zu kulturkämpferischer Agressivität zu, durchaus geduldet, obschon sie Spannungen verursachen und das Zusammenleben belasten kann. Frömmigkeit macht sich leicht verdächtig – damit rechneten die Grundgesetzgeber nicht –, aber Marktfrömmigkeit wird nicht nur geduldet, vielmehr gewünscht und allseits gefördert. Sie versetzt die von ihr Ergriffenen geradezu in Ekstase bei der Bemühung, verstockte Zweifler zu bekehren. Der Markt wird als der große Wohltäter gefeiert, der Ordnung stiftet, wo Unordnung sich breit macht, weil leichtsinnige Eingriffe ihn daran hinderten, die Segnungen seines freien Spiels Gerechten wie Ungerechten zukommen zu lassen. Die Finanzkrise konnte diesen Glauben der Wettbewerbsgesellschaft nicht erschüttern.

Wettbewerb soll überall herrschen. An den Mechanismen des Marktes soll genesen, was sich als schwach und unwirtschaftlich erweist und damit als schädlich. Was dem Markt bekömmlich ist, kann dem Einzelnen und der Allgemeinheit überhaupt nicht schaden. Die Idee des Gemeinwohls verschränkte sich unentwirrbar mit wirtschaftlichen Erwartungen, das Bruttosozialprodukt zu steigern. Der Staat sieht seine wichtigste Aufgabe neben der Sorge um die Sicherheit in der Fürsorge, den wirtschaftenden Kräften günstigste Rahmenbedingungen für ihre Bewegungslust zu gewährleisten. Statt mit seiner neutralen Bürokratie die gesellschaftlich-wirtschaftlichen Absichten auszugleichen und zu koordinieren, wie es der Bürger im 19. Jahrhundert erwartete, wird er selber zum Teil der Bewegung, ein Mitspieler unter Spielern, die er gar nicht mehr kontrolliert, die einander auf dem Markt die Bälle zuwerfen und das »Synergieeffekte« nennen.

Die bürgerliche Freiheit, die den Staat und das Recht brauchte, weil er allein sie zu schützen vermag, wird zunehmend privatisiert, mit der Marktfreiheit gleichgesetzt. Auf dem Markt gibt es keine Bürger, dort begegnen sich Waren- und Wertproduzenten und tauschen sich mit Kunden aus, die ihre Werte bewerten. Es liegt nahe, vom Kindergarten und der Schule angefangen, jedem zum Marktbewusstsein zu verhelfen, sein Denken und Tun auf den Markt zu verweisen, damit er seine eigene Vermarktung nicht verfehlt. Denn das ist die Bedingung, erfolgreich zu sein und zu bleiben, seit sich die Auffassung des Handels endgültig durchsetzte, »wonach man von einem Geschäftsmann voraussetzt, er müsse jedes andere Geschäft bekämpfen, ruinieren, vernichten, verschlingen und aufsaugen«, wie

Gilbert Keith Chesterton, Sohn eines Geschäftsmannes, um 1930 beklagte. Der Mensch selber ist indessen ein Marktwert und hat seinen Wert als Humankapital, das er nicht leichtsinnig verschwenden soll. Mit Humankapital muss umsichtig gewirtschaftet und gearbeitet werden, gerade in Ländern, die über wenig Rohstoffe verfügen und dringend auf die angemessene Verwertung ihrer Humanressourcen angewiesen sind. Über die richtige Verwertung im Wettbewerb entscheidet der bewertende Verbraucher, der Güter, die zu Waren geworden sind, aufwertet, abwertet oder entwertet. Da alles, was mit dem Markt in Berührung kommt, zur Ware, zum Wert umgemünzt wird, ist so viel von Werten die Rede. Paul Valéry beobachtete nach der Weltwirtschaftskrise 1929, wie in einer Welt, die von der Spekulation beherrscht wird, auch ästhetische und geistige »Produkte« wie Börsenwerte gehandelt werden. Auf einem riesigen Markt steigen und fallen die Werte, begleitet von rein subjektiven Begeisterungsstürmen, Paniken und Risiken. Es gebe einen Wert Geist, wie es einen Getreide- oder einen Goldwert gebe, und der sei im Übrigen unaufhörlich im Fallen begriffen.

Die Wertfreiheit des Marktes

Mit dieser alles durchdringenden Ökonomisierung rechneten die Juristen im Parlamentarischen Rat nicht, bemüht, nach der Katastrophe des Nationalsozialismus wieder auf den bürgerlichen Liberalismus zurückzugreifen und dem Menschen und Staatsbürger eine sichere, im Recht befestigte Grundlage für ein Leben in Freiheit zu verschaffen. Sie konnten sich nicht vorstellen, dass die christliche Überzeugung von der Freiheit eines Christenmenschen, von dem Ebenbild Gottes oder der philosophischen Idee des autonomen, sich selbst bestimmenden Menschen einmal von der

Freiheit des Kunden überholt werden könne und den Bürger überflüssig mache. Der Markt setzt Wertfreiheit voraus, weil alles auf ihm gehandelt werden soll, wonach sich ein Begehren rührt. Auf der Wertfreiheit beruht die Freiheit der Wissenschaft und Kunst. Beide wollten frei sein und bleiben von kirchlicher und politischer Bevormundung, auf ihre Art die Wahrheit erforschend und darstellend. Künstler wie Richard Wagner oder Hector Berlioz, politische Philosophen wie Pierre-Joseph Proudhon und Karl Marx fürchteten allerdings schon den Kulturbetrieb, den Markt und die ökonomischen Verwertungsmechanismen, während vor allem Naturwissenschaftler die Zusammenarbeit mit der Industrie suchten. Als realistischen Humanisten war es ihnen nur recht, wenn die verwertende Umsetzung ihrer Erkenntnisse das Leben erleichterte, verlängerte oder verschönte. Ihre Forschungsfreiheit ergänzte die Produktionsfreiheit des liberalen, unternehmenden Bürgers, die sich nur dann segensreich auszuwirken vermochte, wenn die Bewertungsfreiheit des Konsumenten gewährleistet bleibt. Diese drei Freiheiten bedürfen nicht unbedingt der bürgerlichen politischen Rechtsfreiheiten. China zeigt, wie prächtig Produktion und Handel auch ohne politische Freiheiten gedeihen können. Solange diese wesentlichen drei Freiheiten nicht eingeschränkt werden, nimmt jede Wirtschaft an der dauernden Selbstüberholung zur allerneuesten Neuzeit teil und schließt sich nicht vom Wettbewerb mit seinen Zwängen aus.

Die Neuzeit heißt nicht zuletzt so, weil sie unter dem Druck des ruhelosen, ganz der wechselnden Aktualität ausgelieferten Marktes ständig neuer Dinge begierig ist und sich über Novitäten und Innovationen davon überzeugen muss und kann, nicht zu stagnieren oder zu veralten. Alles Alte »erledigt sich selbst und von selbst in dem wissenschaftlich-technisch-industriellen Prozess-Progress, der das Alte entweder – nach dem Maß neuer Verwertbarkeit – verwertet oder als unverwertbar ignoriert oder als störenden Unwert vernichtet«, wie Carl Schmitt feststellte. Die Freiheit büßt unter solchen Bedingungen ihre politische Bedeutung ein. Der Daseinszweck des Menschen als Kunde erfüllt sich im Begehren, Ersehnen, im Austausch des Alten mit Neuigkeiten, die versprechen, besser, tauglicher, unterhaltender zu sein. Diese Wertegesellschaft erhält sich durch dauerndes Unbefriedigtsein der Kunden, die angehalten werden, keine Treue alten Werten zu wahren, veralteten Objekten, und sich selbst vor Veralterung zu schützen durch eine pointillistische Lebensweise unter dem Feuerwerk der Augenblicke, die der Markt bereithält. Die schöpferische Zerstörung von Werten schafft anderen Werten freie Bahn. Beständigkeit wäre Tod oder, was das Gleiche meint, Langeweile. Insofern muss der Mensch, um weitere Nachfrage nach ihm wachzuhalten, mit immer neuen Anfängen sich selbst in seiner Neuwertigkeit bestätigen. In einer Gesellschaft, in der nicht mehr gearbeitet wird, sondern möglichst alle kreativ schaffen und schöpfen, wird der Einzelne zur Herausforderung für sich selbst, durch Umschöpfung und Umgestaltung seine liquide Biomasse immer wieder über das drohende Verfallsdatum zu bringen.

Obwohl alle länger leben, herrscht auf dem Markt kurzweiliger Zeitvertreib, der dem Kunden dauernde Qualen der Wahl bereitet. Das treibt ihn in die Wertewelten der Einkaufsparadiese, dort erlebt er im Augenblick die Ewigkeit. Doch alsbald erfährt er, dass höhere Werte seinen Wertkauf zunichte gemacht haben, und er verliert die Freude am Erreichten und Erworbenen. Die Kurzlebigkeit der Werte macht die Wertewelt amüsant, frivol, abwechslungsreich und unterhaltend. Das macht sie spannend bei der Beschäftigung mit sich selbst, den Kurs des eigenen Wertes zu halten oder zu verbessern. Mit einem Menschenbild – gar dem des Grundgesetzes – hat diese Selbstversachlichung und Selbstverwertung nichts mehr zu tun. Die Verengung der Idee des Wettbewerbs auf ökonomische Zweckmäßigkeit und erobernde Marktstrategien hatten einst Goethe oder Schiller, Hegel oder Marx erschreckt. Sie sahen in der Bildung zu allgemeiner Menschlichkeit die höchste Bestimmung des Menschen, auch des bürgerlichen Menschen, der der Humanisierung bedürfe, um nicht nur, von sich entfremdet, Berufsmensch und Leistungsträger zu bleiben. Solche Bildung konnte auf den Wettstreit, das messende Vergleichen gar nicht verzichten. »Immer der erste zu sein und vorzuleuchten den anderen«, so hieß es seit Homers Tagen. Die Lust am Wettstreit, hervorzuragen in Fertigkeiten und Tugenden, die um ihrer selbst willen beherrscht oder geübt werden, lag aller Erziehung zugrunde.

Der Erste zu sein brachte Ruhm und Ehre. Die Sehnsucht nach Ehre und Ruhm, nicht das Streben, in geschäftlicher Konkurrenz der Überlegene zu sein, verlockte dazu, »am Kampf der Wagen und Gesänge« teilzunehmen und als Sprecher der Reden und Wirker der Taten plötzliche Anerkennung zu finden, Lob zu ernten, das Fama möglichst mit ihrer Posaune bis an das Ende der Welt und das Ende der Zeiten trägt. Alle Bildung sollte Charakterbildung sein, sie sollte den ganzen Menschen erfassen, damit er hochgemut, großsinnig und großherzig die Übrigen ansporne, nicht zu verzagen im allgemeinen Wetteifer, Vortrefflichkeit zu erlangen. Geschmackvoll, besonnen, schön, so sollte sich auch in bürgerlicher Zeit die sieghafte Freiheit des Menschen von allen materiellen Zwängen und Zwecken äußern. Alles unmittelbar Nützliche galt als gemein, eben banausisch. Die griechische Theologie des Geistes, die als Humanismus in wechselnden Formen der europäischen Bildung zugrunde lag, sah ihren wertlosen Nutzen darin, jedem die Möglichkeit einzuräumen, seinen ureigensten Seelenhaushalt zu erweitern, sich von den Wurzeln des verworrenen Lebens zu lösen und zur Enttäuschung der Schattenspiele vermeintlicher Wirklichkeiten vorzudringen, hinein in das Reich der Ideen, der Urbilder der sicheren Wahrheit. Ruhm und Ehre, diese stolzen, für Realisten in der Erwerbsgesellschaft so unpräzisen Erwartungen, warfen kein Kapital ab, versprachen höchstens moralischen Gewinn, der nur bedingt geschäftliche Vorteile verhieß. Das Erfolgsstreben, der Leistungswille und die Karriereplanung verlagerten die Bildung von innen nach außen. Gewann in den Epochen unter dem Zeichen der Ehre der Einzelne seine klare Lebensform aus dem, worüber er als Seelenschatz frei verfügte, so muss in Zeiten des Erfolgsdruckes der Erfolgshungrige frühzeitig dazu erzogen werden, als Stratege seines Glückes wachsam darauf zu achten, welche Substanz im dynamischen Wettbewerb anderen abgezwungen werden kann. Es gibt kein großes Streben mehr, aber viele unruhige Streber.

Das sind die Folgen der Marktfrömmigkeit und ihrer Wertgläubigkeit. Karl Marx, der keine sozialistischen Werte kannte, aber sozialistische Ziele, begnügte sich als Theologe griechischer Philanthropia nicht mit solchen Handreichungen ökonomistischer Vereinseitigung. Irgendwann sollte der Mensch doch in die Rechte seiner Majestät gesetzt werden, zweckfrei ganz sich selber anzugehören, aller traurigen Selbstentfremdung enthoben, »während des Erdenlebens schweres Traumbild sinkt und sinkt und sinkt«. Das war eine Idee, vielleicht ihrerseits ein Traumbild ästhetischer Erziehung in Anlehnung an Schiller. Doch immerhin ein Bild, in dem sich die Würde des Menschen verheißungsvoll zu erkennen gab, sich im freien Spiel des Geistes erhebend über alle Reste der Bedürftigkeit, wie sie dem Wettbewerb und dem Markt unweigerlich anhaften. Ein Bild, das sich mit der Menschenwürde des Grundgesetzes eher vereinbaren lässt als mit der Freiheit des Kunden und Endverbrauchers, der dauernd durch suggestive Einflüsterungen überwältigt und von sich abgelenkt werden soll. Wie in Klingsors Zaubergarten, dem künstlichen Paradies, das Wagner im »Parsifal« entwarf, Blumenmädchen jeden Mann, ihn küssend, um seinen Verstand und seine Freiheit bringen, tummeln sich auf dem Markt in mannigfachen Verkleidungen die Wertverführer, die den nach Neuem Gierigen, ihn umwerbend und umzingelnd, aufwerten und mit ihrem Kuss jede Widerstandskraft lähmen, ihren Verheißungen nicht lustvoll zu erliegen.

Der Aufstieg vom Bürger über den Menschen zum Endverbraucher lässt sich wunderbar vereinen mit der Renaturalisierung des Menschen. Die Theorien Darwins von Ertüchtigung, Kampf und Sieg passen zu der Auffassung vom Markt als Naturgeschehen, auf dem der Robustere, der Wendigere, der *tough guy*, immer den Durchbruch schafft und den Zögernden oder Unentschlossenen um den Erfolg bringt, die Prämie für jede Anstrengung. Der Darwinismus ist zur wissenschaftlich beglaubigten Religion der Marktfrommen geworden. Sie rechnet nicht mit freien Bürgern, sondern mit Menschen, die ihren Trieben, ihrem Begehren, ihren Wünschen folgen. Insofern kann es ihr nur recht sein, wenn die Menschen als Agenten ihrer Gene, Hormone und Neurone handeln; als solche sind sie berechenbar, verplanbar und einsetzbar. Die Kränkungen des Menschen durch die Wissenschaft sind den Marktgerechten sehr willkommen. »Zuerst wird durch die Evolutionstheorie dem Menschen der Status als Krone der Schöpfung abgesprochen, dann wird der Geist vom göttlichen Funken zu etwas Natürlich-Irdischem gemacht, und schließlich wird das Ich als nützliches Konstrukt entlarvt«, als ein Konstrukt des Gehirns, wie der Neurobiologe Gerhard Roth zufrieden bemerkt. Ein derartig natürlich gewordener Mensch als Maschine, Teil einer mechanisch verstandenen Natur, braucht kein Würde oder sollte seine Menschenrechte mit den allgemeinen Tierrechten in Übereinstimmung bringen. Aber das Gehirn hängt mit der Seele, der Gesellschaftlichkeit, mit dem Lebewesen Mensch zusammen, der sich in einer bestimmten und ihn bestimmenden Umwelt bewegt, in der er lebt und sich ungemein wichtig nimmt als Mitglied der Rasse Adams, die das Tier verstieß.

Der Soziologe und Philosoph José Ortega y Gasset, der leidenschaftliche Freund der Freiheit, wehrte sich stets gegen die verschiedensten Bemühungen, die Menschen, deren Natur die Kultur ist, wieder zu renaturalisieren. Darin witterte er den energischen Versuch, die Menschen um ihre Freiheit und Würde zu bringen. Die Menschen verfügen über ein Inneres, sie können sich ganz in sich selbst versenken und in einer Phantasiewelt leben, die in der äußeren Welt erst einmal ein Hindernis erkennt, was sie für ihn zunächst auch ist. Sie leben – vollkommen unnatürlich – von vornherein in zwei Welten, ihrer inneren und der äußeren, vollständig unangepasst und nie im Gleichgewicht. Sie sehnen sich aber nach Ruhe und Harmonie. Diese Sehnsucht lenkt ihre Wünsche hin zu den anderen, in der Hoffnung, Freunde zu gewinnen, mit denen sie gemeinsam die fremde und ungastliche Welt in eine Heimat umwandeln, in der sie ihre Hoffnungen und Wünsche in die Wirklichkeit umzusetzen vermögen. Jeder Einzelne will sich in ständiger Unruhe dem Bild annähern, das ihm von sich vorschwebt, entgegnete Ortega y Gasset den »Naturalisten«. Das kann kein Tier, ihm fehlen die Freiheit dazu und das Leben, immer gefesselt an sein Dasein.

Menschen hingegen haben ein Lebensprogramm, alle menschlichen Gemeinschaften und Organisationen nicht minder. Sämtliche Einrichtungen, die sich Menschen geben, setzen sich Ziele, oft ehrgeizige und anspruchsvolle, mit denen mannigfache Erwartungen verknüpft sind, vor allem die höchste, die nur der Mensch kennt und von der das Tier nichts weiß: das Glück oder Glücklichsein. »Der Mensch ist das einzige Wesen, welches vermisst, was es nie besessen hat. Und die Gesamtheit dessen, was wir vermissen, ohne es je besessen zu haben, ist das, was wir Glück nennen.« Das macht die Würde des Menschen aus, er hat ein Schicksal, und das ruht in seiner Hand. Das behauptete mit aller Macht das Grundgesetz, das damit aber auch jeden mahnte, sein Leben frei in die Hand zu nehmen und es sich nicht aus der Hand nehmen zu lassen für alle möglichen Verwertungen. Das gesetzte Recht ist ihm dabei die sicherste Stütze in der ständigen Auseinandersetzung mit Verführern, die im natürlichen Kampf ums Dasein den Vorrang ihrer Wertsetzungen durchsetzen wollen. Eine Rechtsgemeinschaft kann keine Wertegemeinschaft sein, weil Recht und Wert nicht zueinander gehören.

»Jede Definition, die in der Begriffsbestimmung des Menschen das Tierische hervortreten lässt, beobachtet das Charakteristische und Wesentliche dieser Existenz nicht. Der Mensch ist ein Wesen, das selber und dessen Begriffe genau überwacht werden müssen, aber gerade weil er nicht ein Tier ist. Diese Überwachung geschieht nicht durch biologische, sondern durch intellektuelle Prinzipien, nur wo der Geist der sozialen und moralischen Umwelt dessen nicht fähig ist, wo er die mögliche Höhe der anthropologischen Existenz nicht erreicht, treten die für Bestien angebrachten Methoden hervor. Nicht Züchtung, sondern Erziehung hieße das Gesetz, das dem Rechnung trüge«, schrieb 1943 Gottfried Benn. An Züchtung, nur mit viel eleganteren und effizienteren Methoden, wird in der allerneuesten Neuzeit wieder gedacht, um den Lebenswert zu erhöhen und lebensunwertes Leben möglichst erst gar nicht zuzulassen. Erziehung sollte sich deshalb nicht darin erschöpfen, das Markt- und Markenbewusstsein zu schulen, sondern eine

Einübung in die Freiheit des unermesslichen Einzelnen sein, die gelebt und nicht bewertet sein will, gerade in Zeiten, in denen es um die Freiheit schlecht bestellt ist, verdunkelt von Werten und ihren Vertretern.